上司と部下の深いみぞ

パワー・ハラスメント完全理解

岡田康子［編著］
「パワハラほっとライン」主宰

紀伊國屋書店

上司と部下の深いみぞ　パワー・ハラスメント完全理解◆もくじ

装丁——天野誠（magic beans）

まえがき

「パワー・ハラスメント」への関心が高まっています。
「パワー・ハラスメント」略して「パワハラ」は、私たちクオレ・シー・キューブのスタッフで考えた造語です。二〇〇二年の秋、大手新聞紙上で大きく取り上げられたのをきっかけに、新聞、雑誌、テレビ、ラジオ等、各種メディア上で頻繁に見聞きされるようになりました。私たちが設けている窓口でも、相談件数が増え続けています。

ここにその関心の度合いを測るのに格好のデータがあります。これは東京都の労働局が開催したセミナーでのアンケート結果です。回答者数は四九三人、そのうち約七割は人事や総務などで職場環境の問題に取り組んでいる人たちです。

これによると、「自分の会社組織の中にパワハラがある」と認識している人は全体の六三%、六割を超えていたのです。また「最近メンタルな面での不調を訴える人が増えている」と答えたのは六三％、「そうしたメンタルな問題の背景にパワハラがある」としたのは七一％にのぼりました。

私たちは相談窓口をとおして、実際に被害にあっている方々の声を聞くことが多く、その内容や件数から、かなりの頻度で職場においてパワハラが起こっていると予測していました。しかし今回の労働局の調査は、パワハラ被害の当事者だけでなく、人事・総務担当者という、それに対応する側にも、パワハラ問題の重大性が明確に認識されていることを示していたのです。つまり、パワハラとは単に当事者個々のトラブルではなく、職場全体にダメージを与える、看過できない大問題であること、そして、組織的な対策が求められることが広く認識されつつあるといえます。

しかしこうした広まりのいっぽうで、パワハラという言葉がひとり歩きしはじめたのも事実です。その定義が正確に理解されていないため、「いつもパワハラという言葉が頭にちらついて、部下に正当な指導をするのにも、ビクビクしてしまう」「パワハラになるのを気にしすぎて、かえって職場のコミュニケーションが冷えてきてしまっている」といった悩みも寄せられるようになりました。

健全な職場づくりの役に立とうと、問題をくくり出すために考えられた「パワハラ」という言葉がネガティブな形でひとり歩きしてしまっているケースです。こうした事態に直面し、私たちは名づけ親として、もういちど分析をやり直して、何がパワハラで何がそうでないか、はっきりさせておく必要を感じました。

本書はそのガイドラインです。これまで蓄積してきた具体的な事例を生かしながら、「パワハラ」の実態にせまり、どのような対処法が有効なのかを考えていきたいと思います。

第1章

パワー・ハラスメントという大問題

パワハラとは何か

「セクハラ」からはこぼれ落ちてしまうもの

ある外資系の企業で「セクシュアル・ハラスメント研修」を行ったときのことです。ある若手男性社員から「男だって体型のことでからかわれたり、体育会系のノリについていけないと『お前それでも男か？』などと言われる。こういうのはハラスメントではないのか？」と質問されたことがあります。別の会合でも、ある男性社員から「上司の強制的であまりにも理不尽な言動が耐えられない。セクハラは社内規定や相談窓口もあるが、それに当てはまらないものや男性はどこに訴えればいいのか？」といった声があがりました。

私たちは一九九二年から、企業からの委託を受けて、働く人のメンタルヘルスやセクシュアル・ハラスメントに関する窓口相談や教育研修を行ってきましたが、そうした中で、確かに職場には「性的な言動に限定されるセクハラ」だけでなく、「人格・人権を否定する言動によるハラスメント」のケースが多く存在し、とくにここ数年、そうした事例が増えていくのを実感していたのです。

これらのハラスメントを何と呼ぶのか、私たちは悩みました。これは単なる「職場におけるいじめ」という言葉ではくくりきれない問題を含んでいます。そこで注目したのが「セクハラ」との共通点です。「セクハラ」の中には、明らかに職務上の地位を利用した性的要求、たとえば「言うことを聞けば君のためになるが、聞かなければどうなるかわかってるね」といったものがあります。先の若手男性社員から聞かれた「ハラスメント」にも、上司個人あるいは組織が、与えられた「職権」を使って相手に有無を言わさず仕掛けてくるという構図があります。すなわち、これは「権力＝パワー」をもって行われる「ハラスメント」ではないか、ということで「パワー・ハラスメント」という言葉が生まれたのです。

もちろん、こうした権力構造は昔から組織と名のつくところには存在しました。しかし、近年はそれが、被害者が大きなダメージを受けたり、あるいはほとんど犯罪行為というところまでエスカレートする深刻な状況になっていると考えられます。

産業構造の変化により、職場ではリストラの嵐が吹きあれ、我が身も明日はどうなるかわからない不安感が蔓延しています。そして運良く残留組に入れたとしても、人が減ったいっぽうで仕事そのもののスリム化が遅れているため、一人当たりの仕事量は増大し、常に成果が問われるストレスにさらされます。職場環境はかなり悪化していると言わざるを得ません。

厚生労働省の「労働者健康状況調査の概況」（二〇〇二年）によると、「職業生活に関する不安・ストレスを強く感じている」労働者は年々増えており、現在六一・五％。そのストレスの原因は「職場の人間関係」が一番多く、三五・一％と報告されています。こうしたストレスフルな環境の中で、昔と変わらぬ権力構造があれば、より強い者から弱い者へ、ストレスのはけ口として、あるいは自己保身のため、組織的には「方針」をより巧妙に実現するため、さまざまなハラスメントが行われることは容易に想像できます。

窓口に寄せられた相談の例

そこで私たちはこの問題が社会的にどのようなことになっているのか、実態を把握しようと、二〇〇一年から毎年、短期の「公開無料電話相談」とホームページ上の「アンケート」を実施しました。また、二〇〇三年からはそれとは別に、毎週土曜日、一日三時間だけですが「パワハラほっとライン」として相談を受け付けてきました。

その結果、「パワー・ハラスメント」の驚くべき実態が次々と明らかになっていったのです。

●目の前にいる上司は、ちょっとしたこともすべてeメールで書いてくる。口も利きたくないということか……こういった無視が一ヶ月以上続いており、ここ数日は、朝会社に行こうとすると動悸がし、耳鳴りが起こる。

●異動先で、上司から怒鳴られ罵倒され家畜のようにこき使われる。人事部に訴えたが「我慢しろ」と言われるだけ。毎日の非人間的な扱いに、「自分は本当にダメな人間なのではないか」と無力感にさいなまされる。

●大企業の工場。リストラのあおりで仕事量がここ五年で二、三倍に増加。さらには目標が達成できないという理由で毎年減給が続いている。上司も部下を無能呼ばわりし、あまりにも言動がひどいので直訴すると、よけいにチェックが厳しくなり、暗に辞めろと言わんばかりだ。

●国家資格が必要な仕事にもかかわらず、無資格者の自分に仕事を強制するが、法的に心配。

●毎日つらくて死にたくなる。上司を半殺しにして……と思うが、家族のことを考えるとできない……つらいです。

●契約社員。アフター5に正規の仕事以外の「雑用」まで強要され、断ると次の契約がもらえない。

●医療現場。国の立ち入り検査があるとき以外は、不衛生きわまりなく、いつ院内感染が起きても不思議ではない。上司は聞く耳を持たず、逆に「よけいなことを言うと評価に響く」と脅される。

中には内部告発的なものもあり、さらには相談者の多くが心身の調子を崩しているという事実も見えてきて、相談を始めた当初はたいへん衝撃を受けました。またアンケートの書き込み欄の記述にも、さまざまな問題提起、意見が寄せられました。

●組織がパワハラを黙認したり公にしないことで、被害者は自分が悪いのだと思ってしまい、うつ状態になることもある。非常に重大な問題。

●こんな目にあうのは自分にも悪いところがあるからかと悩み、長年自信を失っていたが、パワハラという言葉と出会えて、気持ちに一筋の光がさした！

●男性の論理に支配されている職場では、男性の告発者は「密告者」「落伍者」としてスポイルされる。告発者を孤立させない社外の支援が必要。

●パワハラは上司の資質によるところが大きいと思うが、問題ある人材を「成果を上げる人はマネジメントもできる」と評価して人事を行う会社の組織文化にこそ問題がある。

●日本型旧企業の体質の典型例がパワー・ハラスメント。同族同種を作るためにスケープゴートを仕立てて結束を高める、学校でのいじめとなんら変わりない。
●法的整備が必要。セクハラに見られたように、被害者からの告発が問題を認識させるための早道である。

反響の大きさから、この問題は一個人のものとして終わらせるのではなく、社会問題として取り上げていく必要があると強く感じました。また「パワハラ」という言葉の存在を知るだけで救われたという方が大勢いたことから、セクハラと同じく、名前が与えられることで、社会問題としてあぶり出す第一歩につながったとの思いを深くしました。

こうした相談はあとをたたず、二〇〇三年一一月までの総件数は、電話相談二四五件、メール相談一六〇件、アンケート回答一九九九件となっています。

パワハラの特徴と傾向

以上のような形で蓄積してきた事例を、少し大局的に眺めてみると、次のようなパワハラの特徴・傾向が見えてきました。

●最初はちょっとしたミスへの注意、叱責などから始まるが、継続的に行われることによって次第にエスカレートしていく。

●加害者が組織、個人にかかわらず、また加害者本人が自覚している、していないにかかわらず、なんらかの意図が感じられるケースが多い。

●被害者は繰り返しパワハラを受けた結果、なんらかの心身の不調をきたすことが多い。

●被害者は、「パワハラの標的にされるのは、自分にも悪いところがあるからだ」という内罰的な傾向に陥りやすく、それがパワハラから受けたダメージをよりいっそう深いものにしている。

●相談を開始した当初は、パワハラを受けていても、「ひたすら我慢する」「様子を見る」といった消極的対応が多かったが、「会社上層部へ訴える」「訴訟を起こす」「すでに裁判で争っている」など、自ら行動を起こそうとするケースが年々増加してきている。

●しかしながら行動を起こした結果、逆に「密告者」「融通が利かない堅物」「うまく世渡りができない不器用者」などとレッテルを貼られ、会社にいづらくなるケースが多い。→「セカンド・ハラスメント」の発生

●上司の個人的な資質によるパワハラが多いいっぽう、明らかに「辞めさせる」意図があり、（会社都合ではなく）自己都合で「辞める」方向へ持っていこうとする組織ぐるみのパワハラも増加傾向にある。

●中小企業のワンマン社長など、裁量権が一個人に集中している場合には「爆発型」パワハラが、大企業など力が分散している場合には「ねちねち・陰湿型」パワハラが多い傾向がある。

これらをふまえながら、いま私たちが考える「パワー・ハラスメント」の中身を定義づけておこうと思います。もちろん生まれて間もない言葉ですから、まだまだ多くの議論と検証が必要です。しかしその議論と検証の土台を提供するためにも、現段階

でなんらかのくくりを設けておくことは無駄ではないでしょう。また、この言葉が一般に広まったことによって、「これはパワハラではないでしょう」という事例にまでこの言葉が当てられるようにもなりました。

そうした状況をなんとかしたいという事情もあります。「まえがき」に書いたような、後ろ向きの効果を取り除きたいという思いもあります。

パワハラを定義する

そこで、これまで寄せられた多くの相談事例をもとに議論を積み重ね、私たちはパワハラの定義を次のように設定しました。

①職権などのパワーを背景にして
②本来の業務の範疇を超えて
③継続的に
④人格と尊厳を傷つける言動を行い
⑤就労者の働く環境を悪化させる、あるいは雇用不安を与えること

❶職権などのパワーを背景にして

上司が職権を利用して、わざと低い評価を下したり、仕事を与えなかったり、反対に過重な仕事を与えるといった場合がこれに該当します。それ以外には専門的な情報スキルを持っている者が、それを教えないことにより相手をコントロールしたり、集団から仲間はずれにしたり、正当性を全面に押し出して、有無を言わせず支配下に置くといったことも含まれます。

❷本来の業務の範疇を超えて

どこまでが本来の業務でどこまでが適正範囲かは、個々の業界や企業の特質や伝統、人間関係などによって左右されるので、一概にはいえません。また、ハラスメントする側はあくまで仕事上必要な注意叱責と思っていても、受ける側は度を超えている、理不尽だと感じるなど、主観的な要素が大きく関与します。ですからこのポイントで大事なことは「客観的に見て」という点です。客観的に見て、達成不可能な目標を設定し、それができなかったことを個人の責任にしたり、客観的に見て、仕事上必要性のない指示命令・教育指導を行ったり、その人にだけ、明らかに他の社員と異なる量、あるいは内容の仕事を強要している場合、これに該当するでしょう。

❸継続的に

一、二度、注意されたり、叱られたことはふつうパワー・ハラスメントにはなりません。こうした行為が継続して行われることがパワハラの条件です。ただし、なんらかの法に触れる行為やその人の人権を侵害するような言動は、たった一回であってもハラスメントに該当します。

❹人格と尊厳を傷つける言動を行い

本人の意思ではどうにでもできないようなことについて、非難したり、指摘することとは人格と尊厳を傷つけるハラスメントに当たります。たとえば、家柄や生い立ち、性別、学歴、容姿などを傷つける行為のことです。

セクシュアル・ハラスメントの場合もそうですが、本来ハラスメントとは「人格と尊厳を傷つける言動を行って」「受ける側が精神的苦痛と感じたときに成立する」とされています。しかしながら、「受ける側が精神的苦痛と感じたときに成立する」ことについては、最近、権利ばかり主張するタイプや、明らかに特定の上司を意図的に陥れようとする悪意を持ったタイプも見られます。「精神的苦痛を感じた」かどうかは主観的なものですので、私たちはセクハラで定義されている「受ける側が精神的苦痛と感じたときに成立する」という後半部分をあえて定義から外しました。パワハラの場合、一つのポイントだけでなく五つのポイント全体がどうであるか見極めることが必要です。

❺就労者の働く環境を悪化させる、あるいは雇用不安を与えること

上司が部下をしじゅう怒鳴ってばかりいる、といった場合は、職場全体がピリピリして人の顔色ばかりうかがうようになり、全体の生産性も低下します。

また、「いつでもクビにできるぞ」「できないなら、会社を辞めろ」といった言動で相手を無理矢理自分の思いどおりにするのは、パワハラになります。

パワハラもセクハラ同様、職場で起こりうる人権問題です。ハラスメントが起こった結果、職場環境や業務にどのような影響があったかをきちんと押さえることが重要です。

実例にみるパワハラ

では実際のパワハラ事例にそって、パワハラの定義について説明していきたいと思います。なお本書で紹介する実例は相談者のプライバシー保護のため、主旨を曲げない程度に内容を変えています。

実例 職権を利用して過度の残業を強要する
中堅電気メーカーに勤める相談者〔四〇歳・男性〕の場合

相談者は製造部門から事務部門に異動になった。そこは仕事量が多く、月八〇時間もの残業をしなければならなかった。ある日、上司に呼ばれ、「残業時間を記録に残してはまずいから、残業はゼロで申告しろ」と指示されたため、半分だけでも請求させてほしいと言うと、それには答えてもらえず、「これは二人だけの話にしておくように」と言われた。健康に不安のあった相談者は、「体のことが心配なので、残業を少なくしてほしい」と頼むと、「時間内に終わればいいが、仕事は絶対に残すな」「できなければお前に次の仕事はない」、さらに「会社にとってお前は足手まといなんだからな。仕事ができるだけありがたいと思え」と突き放された。体調が悪くて休みをとっているときでも、自宅にまで電話をかけてきてミスを指摘し、「明日朝一番で出てきて訂正しろ」と言う。

このケースを先ほどの定義を使って説明すると、

❶職権などのパワーを背景にして

上司という職権を利用して過度な残業や仕事を強要しているので、この項目に該当します。

❷本来の業務の範疇を超えて

サービス残業の強要や「できなければお前に次の仕事はない」「会社にとってお前

は足手まといなんだからな。仕事ができるだけありがたいと思え」といった言動、さらには自宅にまで電話をかけてきてミスを指摘する行為は、仕事上必要な指示命令の範囲を明らかに超えています。

実例 そりが合わない部下のささいなミスを責めたてる

工作機械メーカーに勤める相談者［四二歳・男性］の場合

地方の営業所に転勤になってから、上司である営業所長とそりが合わず、何かにつけてぶつかるようになった。最近は上司の自分に対する風当たりがますます強くなり、小さなことでも大きな問題にすると言って脅かす。子供が病弱で入院したので、早く帰ろうとすると「病気を理由に帰れるなんて、病気持ちの子供がいるやつはいいよな」などと聞こえよがしに言う。半年間、繰り返しこのような扱いを受けているため、精神的にもつらく、営業成績もどんどん落ちる一方で、それをまた上司に無能よばわりされ、最近では心身の不調を訴える状態である。

このケースの場合は、

❸継続的に

半年間、このような扱いが続いているということですから、相談者は精神的に追い詰められ、仕事が手につかない状態に陥っています。営業成績が落ちてしまう結果になり、それがまたパワハラの要因となっています。つまりパワハラのスパイラル現象が生まれるわけです。

❹人格と尊厳を傷つける言動を行い

「病気を理由に帰れるなんて、病気持ちの子供がいるやつはいいよな」などと聞こえよがしに言うのは、明らかに人格と尊厳を傷つけています。家柄や学歴、病歴など本人の意思ではどうにもならないことを指摘したり、からかいの対象にすることは、人権侵害となります。

❺就労者の働く環境を悪化させる、あるいは雇用不安を与えること

上司の言動により、心身の不調があらわれ、営業成績もどんどん落ちるという就労環境の悪化を招いています。

どこからどこまでがパワハラか

次に若干視点を変えて、パワハラの範囲を考えてみましょう。図をご覧ください。

レッドゾーン

ここに該当する行為は、たとえ一回だけであってもパワー・ハラスメントになります。たとえば資格がないのにあるかのようにふるまうことを強要されたり、サービス残業を強制されたりといったことです。賞味期限の切れた食品シールをはりかえさせたり、輸入牛を国産牛といつわって販売させられたりといったケースもこれに該当します。これらは明確な触法行為であり、訴えることができますが、多くの人がそれをしないのは、会社を辞められないという事情があるからです。

イエローゾーン、グレーゾーン

言葉によって相手を傷つけたり、無視したり、ネチネチといつまでも叱るといった

パワハラの範囲

パワハラ

頻度
回数

レッド
ゾーン

①労働条件や環境が労働基準法に
触れるもの
②身体的暴力等で傷害罪を問えるもの
③なんらかの法に違反する行為の強制、強要
④明らかに人権侵害を立証できるもの

イエロー
ゾーン

⑤人格を傷つける言動
- 言葉の暴力
- 無視、仲間はずれ

グレー
ゾーン

⑥マネジメントの問題
- 業務上不必要な注意叱責
- 行き過ぎた教育指導

パワハラではない

①業務上必要な注意叱責

②正当な指示命令

③具体的なハラスメント行為は見当たらない
（被害妄想的）

行為は、一回だけではパワハラといえませんが、回数を多く重ねるとパワハラになる危険が高まります。

パワハラではないもの

私たちが「パワハラ相談」で受け付けている事例のうち、実は三割はパワハラとはいえないものです。たとえば以下のようなケースはパワハラには当たりません。

【業務上必要な注意叱責】

危険な建設現場に視察に行った新入社員が、現場の人から「バカヤロー!」と怒鳴られ、「パワハラではないか?」と相談してきたことがありました。これなどは明らかにパワハラを勘違いしているケースです。危険な現場では、とっさに危険を回避するため、怒鳴ったり、力ずくで行動することもあります。「バカヤロー!」という言葉も、彼だけに特別に向けられた暴言ではなく、その職場では必要な注意叱責です。社会的な常識の範囲内での叱責はパワー・ハラスメントではありません。

【正当な指示命令】

上司の主観ではなく、客観的に見て正当だと思われる指示命令はパワハラには当たりません。たとえば、「就業規則」「服務規程」等で謳われている事柄に関する指示命令や、業務遂行上あるいは成果を上げるために必要と思われる指示命令です。

ですから社員規定に明記されている制度、評価、待遇に対する不平不満などは、社員である限り、上司や会社の指示に従う義務があるので、希望の部署につけない、あるいは評価が低いといったことで不満を持っても、それが明らかに自分だけが著しく不当に扱われているのでない限り、パワー・ハラスメントではないのです。

【具体的なハラスメント行為は見当たらない】

相手を中傷したいという欲求、あるいは被害妄想的な思い込みでパワハラを受けていると訴える人がいます。こうしたトラブルを避けるためには、日頃から相手がどのように思っているのか、コミュニケーションに注意を払うことが大切です。

ただしパワハラに該当しないこれらのケースも、何かのきっかけでパワハラにエスカレートする危険性もあります。いずれにせよ、ここまでがパワハラで、ここからがパワハラではないという明確な線引きは難しく、社会全体でも、個々の企業の中でもオープンに議論をしてコンセンサスを作っていくしかないでしょう。そのオープンな議論自体がパワハラの減少にもつながっていくはずです。

こんなにもダメージがある

しかし、そもそもなぜパワハラを問題として取り上げ、対策を講じていかなければならないのでしょうか。ここでは少し具体的に、パワハラが社内にはびこることで社員や会社がどんなダメージをこうむるのか、考えていきましょう。

パワハラが及ぼすダメージは大きく三つ、「被害者の心身へのダメージ」「職場環境へのダメージ」「会社、組織へのダメージ」が考えられます。

被害者の心身へのダメージ

パワハラによって被害者が受けるダメージは甚大なものがあります。二〇〇三年七

被害者のダメージ

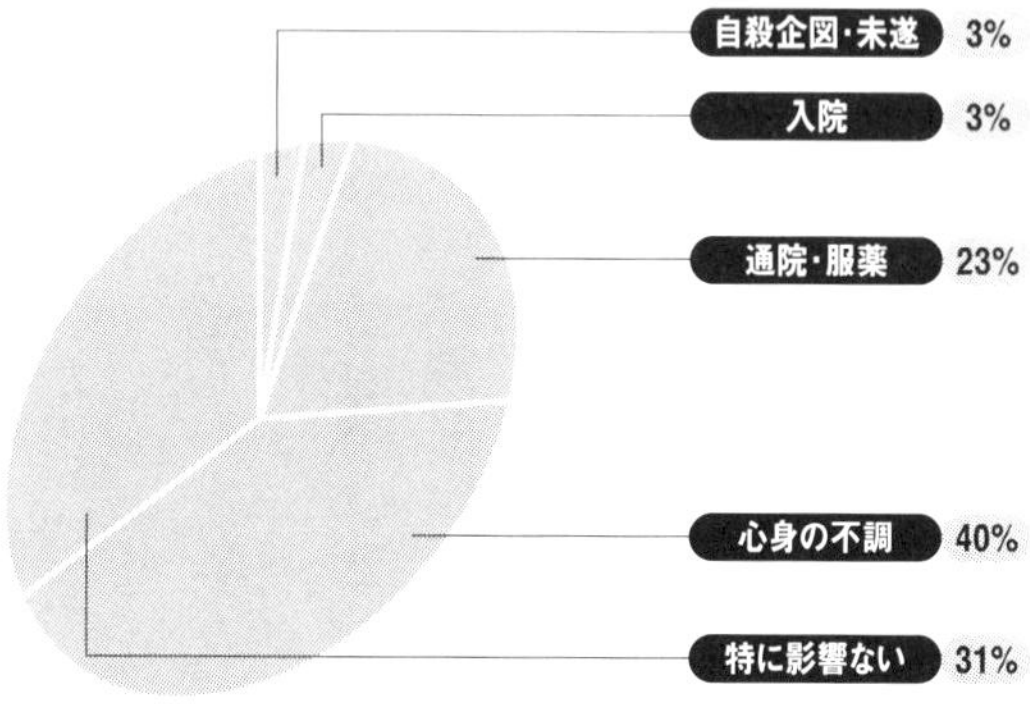

月までのウェブ上アンケートによる調査では、パワハラを受けた結果、「自殺企図および未遂をした」三%、「うつなどの精神疾患、既往症の悪化などで入院した」三%、「うつなどの精神疾患、既往症の悪化などで通院・服薬した」二三%、「通院までしないが心身の調子を崩した」四〇%で、このようになんらかの心身への影響があったとする人は計六九%にも上りました。

「とくに心身への影響はない」とする三一%の人たちも、そのほとんどがパワハラ行為者あるいは会社組織に対しての怒り、悔しさを書き込み欄で訴え

ています。また電話相談でも、不眠、食欲不振、体のだるさを訴える人は多く、

●朝、体を引きはがすように起き、鉛を呑んだような重い気持ちを引きずって会社に向かう毎日。

●通勤電車がプラットフォームに入ってくるとき、スーッと引き込まれる感じがする。

●上司が近づいてくるだけでも、動悸がし、息が詰まる。

●上司のほうに首が回らない、耳が聞こえない。

といった事例があり、また、怒りや悔しさの感情については、

●もう職場は退職しており、パワハラを受けたのは何年も前のことであるにもかかわらず、そのとき受けた理不尽さに今でも体の震える思いで、夜半に突然パワハラ体験がよみがえり朝まで寝つけないこともある。

●(行為者の名前を読み上げ、こいつらをぶっ殺さない限り、自分の新しい人生は始ま

らないと涙ながらに語る人〉

など、心の深い部分を傷つけられたダメージの大きさと、その思いは一生忘れられるものではないということが、電話を受けている相談員や私たちスタッフにもひしひしと伝わってきました。

被害者が受けるダメージをまとめてみると、次のようになります。

心身にあらわれる不調

精神的に追い詰められることにより、うつになったり、過敏性大腸炎や自律神経失調症、胃痛といった体の不調を訴えるようになります。

意欲が低下する

当然、仕事に対する意欲も低下し、ミスが目立つようになるので、ますます追い詰められていくという悪循環に陥ります。

孤立する

無能よばわりされているうちに、ひっこみ思案になったり、「おかしなやつ」「全体の調和を乱す人」というレッテルを貼られ、孤立するケースが多くみられます。

辞めざるをえなくなる

パワハラは反論するとさらにひどくなる傾向があります。また、告発することによって密告者扱いされ、パワハラがひどくなる「セカンド・ハラスメント」が起きることもあります。我慢を重ねていても、結局、やめざるをえなくなるケースも少なくないため、職を失うことにより、精神的、経済的にも大きなダメージを受けます。

被害者側には、自身にも非があるからこのようなパワハラを受けるのではないかという内罰的な傾向、あるいは理不尽な扱いに抗することのできない自分自身に対する不甲斐なさから自分を責める傾向も見られます。こうした自責傾向がダメージをより深くしているといえます。長い間、無能よばわりされたり、一人の人間としての存在も無視されたりなど、不当な扱いを受けるうち、だんだん自信を失い、次第に自分はダメな人間だと思い込むようになるのです。

こうなると、次々と仕事のミスを呼び込んだり、自信なさそうな態度がパワハラをエスカレートさせる結果になるので、さらにパワハラ被害を拡大させてしまいます。こんな思いを抱えたまま退職を余儀なくされた人はパワハラ体験がトラウマとなり、再就職にも大きく影響するといいます。

職場環境へのダメージ

電話相談にかけてくるのは九八%が被害者本人ですが、ウェブ上のアンケートでは「同僚がパワハラにあっている」とのメッセージが少なからずあります。

- 見ていられない、何とかしてあげたいと思うが、上司に反旗を翻すことはできない。
- そんな自分が嫌になる。
- こんなことがまかり通る職場では将来はない。

●自分も早く転職を考えたほうがよいと思っている。

このように職場環境が受けるダメージにも深刻なものがあります。そのダメージをまとめると、次のようになります。

競争力の低下

大量生産、画一的、効率的であることを求められた高度成長期と違って、現代は多様さ、速さ、面白さが求められています。つまり個々の社員の独創性や能力が企業の競争力に直結している時代です。パワハラが行われている職場では、自分が直接の被害者ではなくても、ハッピーな気分でいられるわけはなく、ひらめきや独創的なアイデアも生まれてくるのが難しい状況です。

士気の低下

誰かが上司にガンガン怒られているような職場では、萎縮した空気がただよい、周囲の社員が不快な思いをするのはもちろんのこと、自分がターゲットにならないよう気を遣ったり、被害者への対応に特別な配慮が必要になるなど仕事以外の要因でエネルギーを浪費してしまいます。また、何もできない自分に対する無力感を抱く人も少なくありません。新しいことにチャレンジしようという意欲もわかず、全体に士気が低下していきます。

モラルの低下

食品表示のごまかしを強要されたり、だましてでも売ってくるよう強制されたりしていると、正しいことを考えないよう思考を停止させてしまうので、企業全体のモラルが低下していきます。昨今マスコミを騒がせている大企業の不祥事などはその典型です。

加害者もそもそもは大切な人材

パワハラを行った加害者も企業にとっては本来ならば大切な人材です。しかし、パワハラが公になることで、（それ自体は当然のことですが）加害者を処分せざるを得なくなり、企業は人的な損失を被ります。最悪の場合は、被害者、加害者の両方ともが会社を去るという事態にもなりかねません。優秀な人材をつぶさないためにも、パワハラが起きる土壌をつくらないよう対策を講じる必要があります。

このようにパワハラの起こる職場では、働く環境は悪化し、モラルは低下し、被害者のみならず周囲の従業員も影響を免れないのが現状です。

会社、組織へのダメージ

会社、組織にとってパワハラ問題は、セクシュアル・ハラスメントと同じく「リスク・マネジメント」問題といえます。会社が抱えるリスクは大きく三つあります。

生産性低下のリスク

パワハラが起きる職場では、被害者がストレスから引き起こされる心身の変調で、複雑な仕事や判断を要する仕事ができなくなってしまいます。あるいは単純作業でもミスが増加してくるなど、モチベーションの低下、作業効率の低下が激しくなり、ストレスによる長期休養などの労働力損失も起きてしまいます。これらパフォーマンスの低下による企業の経済損失、疾病の増加による欠勤率の上昇や医療費支出の増大、人間関係の悪化による組織運営や企業イメージの悪化など、パワハラによる労働力損失は労働コスト全体の一〇%以上に達するという説もあります。

こうした職場では、被害者と周囲の社員に及ぼす影響もさることながら、行為者（加害者）側のハラスメントを行っている時間、エネルギーも考えると大変な損失といえます。ささいなミスを一時間も二時間も説教している例がありますが、する側される側の時給を具体的に計算してみました。

年収九〇〇万円のパワハラ課長の時給は五〇〇〇円。部下の時給は三〇〇〇円とします。一時間の説教をひと月で三〇人、月三回行ったとすると、部下が説教を聞くために費やす時給（経費）は、ひと月二七万円。パワハラ課長が費やす時給は、四五万円。両方合わせて年間にすると八六四万円の経費が説教にかかっていることになりま

パワハラ算数

年収900万円のパワハラ課長
年間労働時間1,800時間＝時給5,000円
（部下の時給3,000円）

▼

1 部下のミスを指摘し、ついでに態度や性格まで注意して、説教に1時間費やした。これを部下30人に対して月3回やっている。

部下の時給3,000円×説教1時間×ひと月30人×3回＝27万円
課長の時給5,000円×説教1時間×ひと月30人×3回＝45万円

月間72万円 ▶ **年間864万円**の経費

▼

2 このため、部下30人のやる気が低下。生産性が10%ダウン。

部下の時給3,000円×年間労働時間1,800時間×30人×10%＝1,620万円

年間1,620万円の損失

す。バカにならない金額です。

さらにパワハラ課長の説教が続いたために、部下三〇人のやる気が低下し、生産性が給与換算で一〇%落ちたとします。こちらは年間一六二〇万円の損失になります。

いずれにせよ、たとえ行為者が仕事上必要と思って注意したとしても、度を越している場合、短期的には生産性が上がったかのように見えても、従業員の士気の低下により長期的には生産性は下がるものと考えられます。

厚生労働省の「労働経済の分析」(二〇〇三年)によれば(「人員削減の影響および従業員の士気と生産性との関係」)、リストラによって「従業員の士気が低下した」と答えた事業所(五一・五%)のうち「従業員の生産性も低下」が(五八・二%)、「向上」は(三八・二%)、「向上かつ低下」(三・五%)となっています。従業員の士気は生産性を左右する要因のひとつであるといえます。

人材の流出のリスク

ウェブ上のアンケートで「パワハラの被害にあって、あなたは今後どうしたいか」

という設問に対し、「転退職を考えている（既に転退職した）」と答えた人が一九％いました。

近年、産業構造はよりサービス化、ソフト化し、雇用形態も多様化しています。いろいろな人がいろいろな働き方をする時代となっており、そこで求められる能力も、マニュアルどおりに正確にこなしたり、指示命令に忠実に従うというより、発想の豊かさや創造性へと変化してきています。「パワハラ的職場」「パワハラ的マネジメント」では、周りの従業員も含めて、優秀な人材は将来を見越して転退職していく可能性が高いといえます。

訴訟が起きたときのリスク——イメージダウン

一九九九年四月、改正男女雇用機会均等法でセクシュアル・ハラスメント防止の指針が示されてから五年、企業や事業所で研修が行われてきた結果、「セクハラ」に関する認識はかなり深まってきています。しかし「何がセクハラなのか」という問題がはっきりしてくるにつれ、「セクハラを受けた」という声が公にされるようになり、その後の対応のまずさで「訴訟」という事態に発展する例が増えてきました。現在、セクハラは訴訟に持ち込まれると、ほぼ行為者、企業側の敗訴となっており、企業は損害賠償金の支払いはもとより社会的イメージダウンは免れません。

「パワハラ」でも同様の傾向がみられます。同じくウェブ上アンケートの「パワハラの被害にあって、あなたは今後どうしたいか」という問いに対して「社外的解決（訴訟含む）を望む」とした人が三〇％で一番多くなっているのです。この傾向は年々増加しています。

今後、日本も欧米と同じく「訴訟社会」になっていくものと思われます。訴訟になると、「勝つ」「負ける」という問題より、訴えられたという社会的イメージダウンの方がリスクは高いといえるでしょう。内部告発によって明るみに出た企業の不祥事、会社組織としての不正・不法行為はイメージダウンを通り越して、企業の死活問題となります。

またパワハラの被害者のうち七割がなんらかの心身への影響を訴えており、心療内科、精神科等での治療を受けたり、典型的うつ症状を訴える人はもとより、かなりの頻度で自殺未遂を経験する人も出てきています。パワハラ問題を放置して、それが自殺に結びついた場合、企業イメージが損なわれるだけでなく、企業責任を問われることもあり、社会的にも大きなダメージを受けることになるでしょう。

職務上の権限を持って、部下に不正、不法なことを強いるのは、まさにパワハラのレッドゾーン。職場で不当なこと、理不尽と感じることに個々の社員が「NO」と言える職場環境づくりこそリスク管理のかなめとなります。

約九割が「パワハラはある」と答える現実

ところで、私たちのホームページ上のアンケートでは、なんと九〇%の人が「自分の職場でパワハラはある」と答えています。ホームページにアクセスする方は特にこの問題に関心が高いとは思われますが、東京都の労政事務所が主催したセミナーでのアンケートでも、企業の担当者たちの八三%が「自分の職場でパワハラはある」と答えています。また、企業や組織の人事担当者や人権啓発担当者の下にはパワハラに関する訴えが増えてきており、担当者は対応に苦慮しているという話があちらこちらで聞かれるようになってきました。

しかし、問題が表面に出てくるということは本来歓迎すべきことです。そもそも問題のまったくない職場はないのですから、それを放置して、働きにくい環境が温存され、その結果社員が病気になったり、退職したり、仕事に身が入らず生産性が落ちたり、あるいは外部へ問題を持ち出したりするといった事態を招くよりも、早めに問題を顕在化させ、会社の方針としての対応をきちんと取っていくほうが健全な職場づくりといえるでしょう。

「セクシュアル・ハラスメント」もそうであったように、「臭いものに蓋」をすることなく、会社は「セクハラ」も「パワハラ」も「職場のハラスメント」は許さないという姿勢をはっきりと示し、対応に取り組んでいくことが大事なポイントとなります。

また同じくホームページ上のアンケートでは、「あなたの会社・組織ではパワハラ問題に取り組もうという姿勢がありますか」という項目に対しては九〇%が「ない」と答えています。組織としての取り組みはこれからの課題です。しかし、企業の中には、労働組合や人権啓発室等で講演、セミナー研修を企画・実施するところや、とくに管理職向けの研修を行っているところ、もう少し感度の高い企業ではコンプライアンス（法令遵守）の枠組みでの取り組み姿勢を打ちだすところも出てきました。

社内でコンプライアンス相談窓口をつくっても、一般社員にはコンプライアンスという言葉はあまりピンとこなかったり、敷居が高すぎて、実際にはあまり機能していないのが現実です。もう少し間口を広げ、職場で「不当」と感じることすべて（パワハラを含む）を受け付ける必要があります。

私たちはこれまで多くのご相談を受けていますが、パワハラ被害者の問題解決には、個人レベルでの対応しかできていないのが現状です。真の解決には会社・組織の取り組みが不可欠ですので、今後も講演やセミナーなどを通して働きかけていきたいと考えています。

いかがでしょうか。パワハラが個々の社員にとっても、会社組織にとっても、放置しておける問題ではないことがおわかりいただけたと思います。次章からは、このパワハラという理不尽で卑劣な行為がいかにして行われるのか、その実態にせまっていきましょう。

さまざまな「パワー」

パワーの六つのタイプ

パワハラの実態を見ていく前に、そもそも「パワー」とは何か、その力の源泉は何かについて考えてみたいと思います。ジョン・フレンチとバートラム・ラーベンはパワーの源泉として五つのタイプがあると言っています（S・P・ロビンス『組織行動のマネジメント』ダイヤモンド社、参照）。すなわち強制、報酬、正当、専門、同一視の五つです。フレンチとラーベンの説を基にして、パワハラと関連させながら、パワーの源泉について考えてみることにしましょう。

❶強制力

強制力は恐怖心と関係が深いものです。フレンチとラーベンによると、強制力とは肉体的・心理的な暴力を行ったり、安全や心理的な欲求に対する制限を加えたり、またはそうした行為をするという脅しによって成り立っています。パワハラの例にあてはめてみると、叩いたり、こづくなど直接的な暴力を用いて、部下を震え上がらせる行為はこの強制力に該当します。それ以外にも、解雇する、降格する、遠隔地へ転勤させる、評価を低くする、嫌な仕事を与える、仕事を与えないなど相手が嫌がるであろうことを実行したり、それをほのめかして脅しながら、相手を支配する例がこれに当たります。

ほとんどは上司が部下に強制するものですが、上下の立場が逆転して、部下のひどい暴力を収めようと上司が下手に出てしまうというケースもあります。つまり、相手に恐怖心を与えるほど暴力性が激しい場合は、職権を逆転させるほどの「パワー」を持つということです。

❷報酬力

報酬は強制の逆ととらえていいでしょう。人が他人の要求や指示に従うのはそうすることがメリットをもたらすからです。給与、評価、昇進、魅力的な仕事、重要な情報、条件のよい顧客などを提供できる人は、それらを欲しがる人に対して力を持つことになります。人が組織内の派閥に属するのは、報酬面でなんらかの恩恵を受けたいからです。逆に派閥に属さない人はさまざまな場面で冷酷な仕打ちを受けることもあります。

つまり職場では、この報酬力が部下への大きな力として存在するわけです。業績によって個人の評価に差をつけていこうという最近の試みは、この点において上司の力を増大させているといえます。

❸正当権力

組織において権力を手に入れるもっとも一般的な方法は、高い地位に就くことです。そうすることによって、少なくともその組織の中では正当性を有しているということになりますし、強制力や報酬力も同時に手に入れることになります。中小企業のワンマン社長がやりたい放題やる、といった例は、まさに組織内における最高の地位を保有しているゆえに、強大な力を手に入れる典型的なパターンです。

❹専門力

専門技術や知識を有する者が持っている力が専門力です。医師や弁護士はその資格を持っているだけでこの力を有しています。最近話題のドクター・ハラスメント（医者の患者に対する嫌がらせ）などはこの専門力を背景に行われているといえます。また、組織の中でも専門化が進むにつれて、その知識やスキルを持っている人が力を有する傾向が強くなってきています。

パワハラでよくあるケースは、コンピュータの操作スキルを持つ部下がコンピュータに無知な中高年へ対して行うハラスメントです。中高年にとって深刻な悩みは、業務処理のIT化によりせっかくそれまで築き上げたスキルが無効になってしまうことです。またリストラ後に社員数が少なくなり、管理職が必ずしもその業務に精通しているわけではない部門のマネジメントを担当せざるをえないこともあります。ここでも部下と上司の間で能力の逆転現象がおき、部下が上司に従わないといった事態を招いてしまいます。いずれも専門力を背景にしたパワハラの例で、最近はこうした事例も増えています。

❺同一視力

「あの人のようになりたい」と人から憧れをもたれる（＝同一視される）ような好ましい資質や個性を持った人が備えている力です。有名スターやスポーツ選手は、この力を持っていることによって多くの人に影響を与えています。

パワハラでは女性同士の先輩後輩の間でこうした同一視による力関係ができあがるケースも少なくありません。化粧のしかたや態度、声の調子にいたるまで同じようになりたいと後輩が懸命になればなるほど、先輩社員は力をつけていきます。またある特定のグループの仲間になりたい、あるいはそのグループに所属する人たちが魅力的であると感じられれば、そのグループには力が備わることになります。仲間に入りたいと思っている人に対して優位な気持ちを持って接しているとき、その人は自分自身のパワーを感じているはずです。

❻正当性力

フレンチとラーベンは以上の五つを「パワーの源泉」として指摘していますが、私たちはさらにこれに加えて、「正当性力」というものがあるのではないか、と考えています。

これは「正当権力」を拡大解釈したものです。つまり、なんらかの権力、または社会正義に裏づけられた正当性の力というものがあるのではないかということです。たとえば「人は誰でも正しいことのために戦うべきだ」「ボランティア活動をするのは高尚なことだ」などと社会正義や正当性を主張し、そうでない人がなんらかの罪悪感を感じるような状況に置いて、相手に対して力を持つことです。組織の中では論理的に正論を述べる人材に一目置かれる傾向がみられます。彼らは「正当性力」というパワーによって、組織内では影響力を持つことになるのです。

関係性のタイプとパワハラ

こうしたさまざまなパワーのタイプをふまえて、以下では、実際にパワハラの現場でどのようなパワーがふるわれているのか、加害者と被害者の関係性とからめて実例を見ていくことにしましょう。

上司が部下に行うパワハラとは

実例 〈強制力〉をもって解雇したり、過重なノルマを与える

従業員二〇名以下の小さな会社で一年前から働きはじめたが、同族の経営者数名が、気に入らない社員を強制的に辞めさせている。毎日契約時間外に打ち合わせをされ、その時に気に入らない社員に対して一時間ほど罵声をあびせる。怒られる方だけでなく聞いているメンバーとしても気分がふさぐので、「せめて契約時間内で短めの打ち合わせにしてもらえないでしょうか」とお願いしたところ、その日の夕方メールで

「君はもう会議に出なくていい。その代わりノルマを今までの倍に設定する」と一方的に伝えてきた。

上司が部下に対して行使するパワーでもっとも一般的なのは〈強制力〉です。能力を低く評価する、自分のやり方を強制する、仕事を与えない、あるいはこの事例のように過重なノルマを与えるといった方法で、部下を支配します。ふつうパワハラというと、上司が部下に行う、この〈強制力〉の行使がもっとも多いといえます。上司は役割上、部下に対する権限を持ちますが、この例のように、被害者の主張は仕事を進める上で重要な指摘であるにもかかわらず、一方的に理不尽なノルマを強制する、というのが、パワハラの〈強制力〉なのです。

またカリスマ性がある上司や、一代で会社を築いた立身出世型の社長などには〈同一視力〉という力も持つ者も多く、それらが受け手の恐怖心と結びつくと容易にパワハラに変容していきます。

実例 〈専門力〉を利用して、同僚をいびる

新卒で部品メーカーに就職した。その職場の先輩から、配属の初日に「話し方がちょっとおかしいね」とからかうように言われた。その後、電話の対応などを毎日しつこくねちねち注意されるようになった。仕事に関して質問すると「そんなことどうしてわからないの？」と叱られるので、自分で考えてやると、今度は「どうして私への相談なしに勝手にやるの？」と怒られるので、どうしたらよいのかわからない。毎日このような状態なので、この人と顔を合わせるのも苦痛。小さな会社で組織的に直属の上司に当たる人がおらず、誰にも相談できない。自分の仕事ではこの人が中心的な存在なので、他の人に質問をすることもできないでいる。

同僚が同僚に対して持つパワーは、専門的な知識を背景にした〈専門力〉や、相手をとりこにする〈同一視力〉であることが多いようです。上司が部下に行うパワハラ

のように人事的な権限を利用した、一見して明らかなものではなく、なかなか表面化しないという特徴があり、それだけに陰湿で、恐ろしいものともいえます。

女子社員の間では、よく「お局さま」といった言い方で、一目置かれる先輩社員がいますが、これなどは、長く会社にいることで蓄積した情報や知識等の〈専門力〉がパワーを発揮している一例でしょう。取り上げた実例も「先輩」としての経験の豊かさを利用した陰湿なパワハラです。

部下が上司に行うパワハラとは

実例 〈専門力〉を有する部下が上司を無視する

メーカーでソフトウェア設計部門の課長をしている。ソフト部門では新しい技術がどんどん採用され、以前のような設計手順では開発が追いつかない状態がここ数年続いている。そこで、新しい技術を身につけた契約社員を入れたところ、その技術を使って勝手に仕事を進めてしまう。上司である自分には現状を報告するように、と促しても「わかりました」の生返事で、実際には他の部下とものごとを先に進めていつも事後報告であり、自分は完全に蚊帳の外。バカにされているようで怒りが収まらない。部長や部門長は、仕事の効率が上がったと喜んでおり、この契約社員の一人手柄といった状態となっている。自分としては、部下の仕事がまったく把握できず、情けない気持ちでいっぱいだ。

IT化が進み、組織では従来の経験則が通用しなくなっています。上司といえども、コンピュータを自由に操る部下に対して教えを請わねばならない時代になっているのです。専門知識を有する部下は上司に対して〈専門力〉というパワーを通して優位に立つことができます。必要な知識を故意に教えない、あるいは提供をしぶるといった行為によって、部下であっても上司を支配下に置くことができます。

集団が個人に行うパワハラとは

実例 **新人を仲間はずれにする**

大手銀行に契約社員として採用された女性。職場には正社員の女性が四名、契約社員の女性が四名いたが、契約社員のうち自分以外の三名が最近辞めていった。原因は正社員のいじめ。平均勤続一〇年以上の彼らは落ちこぼれになってリストラされるのを恐れ、契約社員の成果が上がらないように邪魔をしている。

大手銀行の統合により、それぞれ元の会社の商品知識を教えあう必要から、正社員同士は協力しあう関係を強めてきた。正社員は相手銀行の知識を覚えればよいが、契約社員は入社と同時に二社分の勉強をしなければならない。しかし、自分たちは和気あいあいといった様子で教えあっているのに、契約社員に対しては簡単には教えようとせず、聞きにいっても露骨にいやな顔をする。「一度教えたでしょう？　二度は教えていられないわ」ということを平気で言う。職場全体に仕事がきつくなっていることもあり全体にイライラが募っていることも確かである。

集団が個人に行使するパワーは〈同一視力〉である場合が多いでしょう。集団の価値に合わないものや派閥に属さない者を仲間はずれにして、追い出すのがその例です。リストラの手段として使われることもよくあります。この事例でも、「リストラの陰におびえる正社員」という、ある種の運命共同体的な感情が〈同一視力〉を強化しています。ここでは契約社員がターゲットになっていますが、正社員同士でもいつパワハラが起きてもおかしくない状態になっていることが想像できます。

パワーと依存の関係

さまざまな種類のパワーがあることがわかりましたが、それではパワーを持つこと自体が悪いことなのかというと、答えはNOです。組織の目標を達成するためには、部下をその目標に向けて行動させなければなりません。集団の目標を達成するための力（パワー）を一般的にはリーダーシップと言っています。管理職にはそのリーダーシップを発揮することが求められています。

組織行動学の本を多く著しているステファン・P・ロビンス（前掲書参照）は「力（パワー）とは、AがBの行動に影響を与え、AがそうさせなければしなかったであろうことをBにさせる能力をいう」と定義しています。またロビンスは、「依存がないところにパワーは存在しない」とも述べています。つまりある人物があなたに対して力を持ちうるのは、あなたが欲する（=依存する）何かをその人物が支配している場合だけであるというのです。

私たちも相談活動を通じて、「依存度が高いとパワハラを受けやすい」という傾向が見られると考えています。その組織以外で働くことをまったく考えていない人や、仕事以外の楽しみがほとんどない人、また自分の主体的な考えを持たず、受け売りで話をする人、他者の言いなりになる人などがこれに該当します。このような人は他人からの影響を受けやすく、相手にパワーを持たせることとなり、被害を受けやすくなります。

反対に、いつでも会社をやめられると考えている人は「クビにするぞ」と言われても、なんら脅威を感じないわけですから、パワーは効力を発揮しないのです。つまりパワーの大きさは、受け手の心理的な依存度に比例するといえるでしょう。

いかにして行われるのか

パワハラには段階がある

パワハラの四段階

パワハラの相談活動を始めたとき、当初私たちは、職場での人間関係のこじれから来る嫌がらせや、周囲の人々も認める「問題上司」によるものなど、比較的軽度なハラスメントをイメージしていました。しかし、実際に電話口で語られるパワハラは、私たちの想像をはるかに超えるものでした。

たとえば、「竹刀で殴られて怪我をする」「免許が必要な業務を、無免許の自分が無理矢理やらされる」「持病があるにもかかわらず過酷なノルマを強制され、『できなければ辞めろ！』と脅される」など、人権侵害はおろか、不法行為にも当たるような深刻な現状が浮かび上がってきたのです。

そして、相談活動を続けているうちに、加害者の言動やパワハラの方法にいくつかのタイプがあることに気づきました。この章では、パワハラのタイプに沿って、実際の相談事例をご紹介していきます。

ですがその前に、まず、パワハラはいきなり行われるのではなく、段階を踏んでエスカレートしていくという点について説明します。

第一段階

最初は仕事上のミスを指摘したり、なんとなく肌が合わない、コミュニケーションがうまくとれない、といった小さなことから始まります。この段階はどこの職場にもあることで、パワハラとはいえません。

第二段階

同じことを何度も指摘するといった「繰り返し」があらわれると、パワハラの始まりです。また直接の業務内容ではなく、「あいさつができない」「口のききかたが悪い」といった「態度」を攻撃するようになり、その攻撃のしかたが、たった今のその

パワハラの段階

段階	加害者の主な言動
第一段階	ミスの指摘 コミュニケーションのずれ 肌が合わない……
第二段階	繰り返しミスを指摘 態度を注意 不適切な仕事の割り当て 少しずつ無視……
第三段階	性格や経歴まで非難する 無能扱い 繰り返しの叱責 脅迫、暴力……
第四段階	さらなる無能扱い 病人扱い 辞職の強要 解雇……

態度ではなく、「お前はいつもそうなんだ」「まったく何をやらせてもダメなやつだ」「だいたいお前は」といった、「いつも」「どこでも」という注意のしかたに変わってきます。

また、過重な労働や高度すぎる仕事を与えたり、反対に誰でもできる雑用をやらせたり、存在自体を無視したり、といったことが始まります。

第三段階

本人が直そうとしても直せないこと、たとえば出身や学歴、身内のことなどを非難するようになります。また、その人の「行動」を注意するのではなく、「お前の性格が悪いんだ」という非難のしかたが始まります。仕事を与えず、無能扱いしたり、「俺の言うことをきけないのなら、今すぐ会社をやめろ」「ノルマが達成できないのなら、窓から飛び下りて死ね！」といった脅迫や暴力も出はじめます。こうなれば、完全なパワハラです。

第四段階

被害者に心身の不調があらわれはじめます。仕事が手につかなくなるので、ますます無能のレッテルをはられ、辞職を強要されたり実際に解雇されたりといったことも起こります。ここまで来るともう修復不可能の段階といえます。

パワハラの四つのタイプ

パワハラ相談の内容を分析してみると、パワハラの手段によって、いくつかの加害者像が浮かび上がってきました。それらをまとめたのが次ページの表です。

以下、それぞれのタイプを実例を通してご紹介します。

攻撃型

このタイプの加害者は、「他の社員たちの前で怒鳴る」「一人だけ呼び出して怒鳴る」「机や壁などを叩いて脅す」「ねちねちと嫌みを言う」「肉体的暴力をふるう」など、業務の範疇かどうかにかかわらず、被害者に対して直接的に攻撃を行います。周

パワハラのタイプ

タイプ	典型的な言動
攻撃型	他の社員たちの前で怒鳴る
	一人だけ呼び出して怒鳴る
	机や壁などを叩いて脅す
	ねちねちと嫌みを言う
	肉体的暴力をふるう……
否定型	仕事をすべて否定する
	人格を否定する
	能力を低く評価する
	病人扱いをする……
強要型	自分のやり方を無理矢理押しつける
	責任をなすりつける
	サービス残業を強要する……
妨害型	仕事を与えない
	必要なものや情報を与えない
	辞めさせると脅す
	休ませない……

囲の目があるかないかはおかまいなし、その時の気分で行動する傾向もあります。その例を紹介しましょう。

実例 典型的な爆発型パワハラ上司

都内の出版社に勤務する相談者〔四二歳・女性〕の場合

二〇年事務職で勤務した後、二年前に営業部に異動。直属上司となった部長からハラスメントを受けている。部長は気が荒く、何でも自分の思い通りに進まないと短気を起こして大きな声で怒鳴るので部下たちからは恐れられている。相談者は営業に変わって二年であり、まだ駆け出しで周囲に助けられながら仕事をこなしている。客先からの難題に手間取ることもしばしばあり、そんな時には部長は皆の前で大声で「バカヤロー！　この半人前がなにやってんだ！」と怒鳴るので、さらし者にされた気分になる。

部長に直属する部下は皆同じ扱いを受けており、この一年間に三人が他の部に異動させられている。部長のふるまいが上層部で問題として取り上げられ、どこかに飛ばされるという話だったが、実際はそうではなかった。「仕事ができない人間はどこかへ飛ばしてしまえ」という結論になって、かえってやぶへびになってしまった。

これは爆発型の典型例といえるでしょう。この部長は相談者に対してだけでなく、誰に対しても同じ扱いをしています。つまりこれは部長の攻撃的で自己中心的な性格によるものと考えられます。自分の行為の悪影響に気づくどころか、むしろ叱咤激励して鍛えているぐらいの意識なのでしょう。しかし、このような職場でこの相談者を含め、部下が効率よく日々仕事をこなせるとはとうてい思えません。一年間に三人もの異動があるということは、それだけ新しいメンバーへの教育に時間を割かれるわけですから、上司個人の気分で部下を入れ替えることが、どんなに非効率的なことか想像に難くありません。

実例 職場全体が萎縮している

大手インテリア雑貨の会社に勤める相談者〔二七歳・男性〕の場合

入社六年目にして、支社から本社の経理部門に異動。異動の前、部門長から「ここは人間関係が大変だが、君は将来を担う人材だから頼りにしているよ」といわれ、そんなに大変なところなのかな、と思っていた。配属直後は周囲との人間関係もよかったが、次第に直属の課長に一人だけ呼び出されることが多くなった。「挨拶がなってない!」「もっとしっかりやれ!」と、何かにつけて怒られる。この上司がいると職場の雰囲気が暗くて、みんなびくびくしている。部門長の言ったことはこれだったのか、と思った。

この上司は自分が上司であることを必要以上に周囲に誇示するタイプです。これもまた、自己中心的で、気に入らなければ怒鳴り散らす、典型的な爆発型パワハラ上司といえるでしょう。「この上司がいると職場の雰囲気が暗くなる」というのですから、パワハラの定義の中の「就労者の働く環境を悪化させる」に該当します。

否定型

このタイプは「仕事のすべてを否定する」「人格を否定する」「能力を低く評価する」「病人扱いをする」など、その人の存在そのものを軽視し「被害者の職場における存在を否定する」傾向があります。陰湿な嫌がらせを通して被害者を追い込む傾向があり、爆発型と違って職場の雰囲気が一変するような緊張感はありませんが、反対に周囲にはっきりわからないところでジワジワと攻撃するので、被害者は孤立しやすく、ダメージも大きくなります。

実例 相手の学歴をバカにする

製薬会社の経営企画部に勤務する相談者【二三歳・男性】の場合

入社してすぐ製薬会社の経営企画部門に配属された。しかし同じ部署の先輩から学歴や出身大学を何度となく聞かれ、「お前はあのバカ大学出かぁ」などと差別的な発言をされるようになった。そしてそのあと必ず、自分はたいへんな苦労をして一流大学に入ったんだ、という武勇伝を語りだす。これがもう半年以上続いている。

この先輩は、仕事とはまったく関係のないことで、自分の威厳を誇示し、相手を見下す行為を繰り返しています。これはパワハラの定義の「継続的に人格と尊厳を傷つける言動を行う」に相当します。相談者には「この程度のことでばかばかしい」という思いもあるのですが、このようなことでも繰り返しねちねちやられると、精神的に厳しいと感じるものです。

そして、怒りが心の中に蓄積する分、ダメージがジワジワと進行していきます。それはやはりこの行為が「人格と尊厳を傷つける行為」だからです。パワハラ問題を考えるときは、このように手口のインパクトだけでなく、その人権侵害の度合いや継続性も考慮する必要があります。

実例 部下の能力を否定

建設会社に勤務する相談者［三七歳・女性］の場合

建設会社に一五年勤務し、設計技術部の補助職を経て二年前から経理の仕事をしている。上司である課長は入社一六年で相談者とは一年違いだが権力を振りかざすタイプで、仕事の細かいところまですべて確認しないと気がすまない人である。相談者が作成する文書もすべてチェックし、一文字でも間違えると「バカヤロー!」「チクショー!」とののしられる。

相談者が自分の裁量で判断できる仕事もすべて事前に相談し、承認しなければ先に進めることができない。急ぎの仕事を処理して事後に報告すると決まってカッとなり、身体を震わせて大声で罵倒する。問い詰め方が異常で、顔を三、四センチまで近づけ、机を叩いて怒鳴りつける。

このケースには、ガイドラインの中の「本来の業務の範疇を超えて」の項目に相当する部分がたくさんあります。たとえば「上司が仕事のすべてを確認しないと気がすまない」点について、本来、組織で仕事をする場合、部下には部下の仕事の領域があり、それを管理するのが管理職の仕事のはずです。しかし、その部下の仕事の一部始終に口を出していては、組織で仕事をしている意味がありません。部下が本来できることをチェックするのは能力を否定しているということです。また、「問い詰め方が異常で、顔を三、四センチまで近づけ、机を叩いて怒鳴りつける」というこの人の指導方法は、はたして仕事を効率よく進めるのに適したやり方なのでしょうか。明らかに「本来の業務の範疇」を超えていないでしょうか。

このように、実務をこなす人としては優秀でも、管理職として仕事ができるかどうかは別問題です。組織的に効率よく仕事を進めるためにも、課長の管理職としてのスキルアップのためにも、この相談者の抱えているパワハラの現状について、上層部はこの課長に対して注意を促す必要があるでしょう。

強要型

このタイプは「自分のやり方を無理矢理押しつける」「責任をなすりつける」「サービス残業を強要する」といった、上司という権限・威厳を誇示したがる傾向が強いパワハラです。独善的なワンマン経営者や、過去の自分の偉業にすがりつき、そのやり方に間違いなどないと信じきっている人もいます。

実例 業務の押しつけ

繊維メーカーの工業用材料販売部門の専任課長〔四二歳・男性〕の場合

大卒で入社後、勤続二〇年。先輩格の同僚が、山ほどの不良在庫の処理を担当させられ、業績が出ないことを上司の部長から責められ、心労のあまり倒れてしまった。この先輩が倒れた後、その仕事が自分に課せられ、自分は二人分の仕事をすることになった。部長は「この不良在庫は私の責任だから君は責任を持たなくていい。本来の仕事があるのだから手の空いたときにやってくれ」と言って自分を説得したが、これはまったくのうそだった。顔を合わせる度に「あの在庫はどうするんだ、まだ見通しがないのか、バカじゃないのかお前！」とののしり、悪口を言いふらすため、うつ病になってしまった。それから約二年間休職し、復職に際して上司の部長と人事の担当者に自分の病気の原因が上司にあることを話したが、人事はそのようなことはいっさいなかったとして平行線をたどり、詫び言は聞かれなかった。

このケースについては、すでに前任者も体調を壊していることから、一人の業務として不可能であることが明確です。それにもかかわらず、本人をだますような形で仕事を与え、責任を押しつけています。しかも改善の措置をとらない……今後も同様のことが続けば、この会社にいる従業員の職務遂行能力を、次々とを低下させることになるでしょう。

実例 エスカレートしていくパワハラ

一般住宅用インテリア製品メーカーの営業マン〔三〇歳・男性〕の場合

勤続八年。その後東京の本社から盛岡市にある営業所に転勤した。本社東京営業所では営業成績はよく、販売目標はほぼ達成してきた。赴任後しばらくは上司との人間関係もよく、営業成績も不況にもかかわらず順調であった。

半年後、暮れの挨拶に所長と同行して客先の挨拶に回った。その時、所長から初めて服装、話し方など顧客への応対について注意を受けた。それ以降、「お前に成長をしてほしいから」という理由をつけては、顔を合せるたびに口やかましく注意をするようになった。そして一年間ダメ社員として扱われ、すっかり気持ちが滅入ってしまった。

再び年末の挨拶に同行した際、車の運転中も絶えず自分の欠点をあげつらう所長の言葉に心身ともに参ってしまった。身体がだるく、客先との約束を忘れてしまうようなポカミスが増えてしまった。数日前、客先からの依頼でサンプルを提供したが、このことを所長に後で報告したところ、事前の了解なしにサンプルを勝手に持ち出したのは窃盗で犯罪だと咎められ、二度としないように始末書を書けと命令された。所長のあまりにも理不尽な態度に頭にきて、会社を辞めると言ってしまった。所長は驚くふうもなく、「ほう、辞めるのか、それなら辞表書いて来い！」と応じ、せいせいすると言わんばかりだった。

これもまた、パワハラの典型例のひとつといえます。些細な教育・指導から始まって、少しずつ本来の仕事の範疇を超えて自分のやり方を強要していきます。そして精神的に追い込まれたことで起こるちょっとしたミスを逃さずに捕らえ、「このダメ社員！」と烙印を押すのです。しかし、この相談者はこの上司に出会う前には順調な成績を残しており、ポカミスはこの上司のパワハラによるものだといえるでしょう。

このように、通常であれば十分に能力を発揮できる人材でも、明らかに仕事の効率が低下し、やる気も失わせてしまうのがパワハラです。スピード化により効率アップが求められる時代に逆行している行為だというのがおわかりいただけるのではないでしょうか。

もうひとつ、セクハラからエスカレートするパワハラの例をあげましょう。

実例 「セカンド・ハラスメント」へエスカレートする例

大手建設傘下のサービス会社に勤める相談者〔三二歳・女性〕の場合

独身の彼女は、この営業所に配属されてから、直属の上司（五〇代男性）に私生活のことまで、細かく干渉されている。「結婚はいつ？」「仕事先の担当者と不倫しちゃダメだよ」など、必要以上に親しげにされた上、社員旅行では浴衣を強制され、手まで握られた。あまりのことに、社内のセクハラ相談窓口に相談したところ、上司は部長から注意を受けたが、その直後から「あんたの顔は見たくもない」などと言われ、重要な仕事はさせてもらえなくなった。挨拶をしても無視し、他の社員たちの前で無能よばわりするなど、いじめがひどくなっている。

この例は、上司のハラスメントを相談したために、さらにパワハラがエスカレートする「セカンド・ハラスメント」のケースです。権力を持つ上司に対しては相談先を慎重に選ばないと、火に油を注いでしまうこともあります。

妨害型

このタイプは「仕事を与えない」「必要なものや情報を与えない」「辞めさせると脅す」「休ませない」など、被害者の仕事そのものだけでなく、仕事に向かう意欲や向上心も妨害しようとするものです。仕事熱心で一生懸命な人が、その熱心さのあまりに上司から疎まれ、被害を受ける場合もあります。

実例 気に入らない人物をつぶす

本社から子会社に出向しているSE〔二八歳・女性〕の場合

入社六年目のこの女性は三年間出向先で仕事をしていた。出向先の部長は、自分の言うことをハイハイ聞く人には優しいが、意見をはっきり言う人に対しては当たり散らす人で、以前もそれで人が辞めている。出向先での最後の出勤日に、みんなの目の前でこの部長に「お前は三年間なんの役にも立たなかった。なのに、ここでの仕事を全部自分の成果として本社に持ち帰ろうとしてるだろ？　最低だな。お前の将来はないものと思えよ」と言われた。自分はもちろんそんなつもりはないので、その場で謝罪を求めたが、本人は知らん顔だった。

その後本社に戻ると、本社の上司から「あの部長が、あなたのことを使い物にならない上に技術を盗むひどいやつだと、あちこちで言いふらしているよ」と聞かされ愕然とした。

これは組織上の圧倒的なパワーの差を使ったパワハラです。自分の気にいらない人物の仕事を妨害し、つぶそうとする自己中心性が見られます。相談者の知らないところで周囲から孤立させようとしており、手口としてかなり陰湿です。そしてこの嫌がらせによって、この相談者の信頼を失墜させようという隠された意図があります。相当に手の込んだパワハラといえるでしょう。

実例 異動や昇進をことごとく妨害する

中古住宅販売の営業マン［男性・三三歳］の場合

入社して一〇年になるが、入社当時の上司だった人物にことごとく異動や昇進を妨害され、ついには退職勧告を受けた。この上司はもともと好き嫌いで仕事をする人で、問題が起こると逃げてしまう。そういった仕事のやり方について口論となり、それ以降関係がこじれてしまった。その後、別の営業所で働いていたが、組織変更で専務となったその上司の下で再び働くことになってしまった。それからは自分の仕事への評価は最低で、ボーナスも三割減。異動を願い出ても、「お前がまともに働ける部署などない」の一点張りで受け入れられない。あるとき社長に呼び出され、「専務から、君のことは手に負えないと言われたが事情を聞かせてほしい」ということだったので、入社以来あった出来事を洗いざらい話したが、そのあとの社長の言葉に愕然とした。「あの人が好き嫌いで仕事をすることはよく知っている。だが、この会社の営業成績を伸ばしてきた第一人者であり実力もある。いずれはこの会社を担う人物だ。君には退職金を上乗せするから辞めないか」と、逆に退職を促されたのだ。

このケースでは、会社がパワハラ上司をどのように評価しているか、という問題が見えてきます。被害者は仕事熱心で正義感が強く、自分の主張をはっきりと上司にも伝えるタイプですが、そのことが専務には疎ましく思われ、パワハラを引き起こしています。社長は、この専務が以前からこのように部下に対して好き嫌いで仕事することを知っていますが、そのことよりも目先の営業利益の方が大切だ、と判断しているのです。このような現象は、多くの組織で見受けられることでしょう。

この場合、被害者はこの会社で働き続けることが得策でしょうか。この人の正義感は、残念ながらこの会社では通用しません。従業員の仕事環境を整えることよりも、どんな手を使ってでも売り上げを伸ばしたいと考えるこの会社とは、仕事に求める価値観が違うとしか言いようがありません。自分の仕事に対する取り組み姿勢や価値観を分かち合える仕事や職場とはどういったものなのかを考え、新しい道を探るチャンスが訪れたと前向きにとらえたほうがよいのではないでしょうか。

第4章

どんな職場で行われやすいのか

組織のあり方とパワハラ

一般的にパワハラはある特定の異常な上司によって行われる場合が多いのですが、それを許してしまう組織のほうにも問題があります。とくに恐ろしいのは普通の人でもその組織に入ってしまうと、パワハラをさせられてしまうような組織があることです。それらの組織の特徴を挙げてみましょう。

個人裁量の幅が広い組織

他人に対する影響力の大きさは、その人の裁量範囲が広いかどうかに関係しています。基盤がしっかりしている組織やルールが決まっている組織では、たとえトップといえども、個人で決定できる裁量範囲は狭いのがふつうです。一方、中小企業のワンマン社長などは、裁量範囲が広いため、朝令暮改は当たり前。自分がルールだと豪語して、気分のままに部下をふりまわす傾向があります。

実例 ワンマン社長に暴言を吐かれ、暴力をふるわれる
広告代理店勤務の相談者［三〇歳・男性］の場合

従業員二五名の広告代理店に勤務。社長は酒癖が悪く陰湿で、飲み会では社員の頭を叩いたり顔をつねったり腕を後ろにねじ上げたりするので社員はみな閉口し、そばに近寄らないようにしている。自分の場合、入社後しばらくは順調だったが、ある年、父親が亡くなった日に社員旅行があり、予約の変更はできないから必ず参加するよう言われたので、無理をおして参加した。出発に際してタクシーで駆けつけたが五分遅刻し、旅館でも宴会に五分遅れた。すると社長の部屋に呼ばれ、「お前のようなだらしないやつはしばいたる」「包丁もってこい、殺したる」と言いながら柔道の技で投げられた。その後もこんな日常が何年も続き、大柄だが気持ちの小さい自分はすっかりまいってしまった。

ある日、自宅で眩暈がし、天井がぐるぐる回る感覚で倒れてしまった。病院の検査

の結果、ストレスから来るうつ状態と診断された。病気の原因は過労による身体的・精神的ストレスと考えられるので、労災認定を受けるため手続きを取ったが、社長は「仕事が原因ではない」の一点張りでまったく協力してくれず困っている。そればかりか「お前は子供もいないのだから会社なんか辞めて田舎で暮らした方がいいぞ」とまで言う。

この社長は個人の性格上も問題がありますが、以前に勤めていた会社では当然のことのように行われていた行為だそうです。親会社から子会社へ出向したトップなどが急に自分のパワーをふりまわすこともあります。

個人裁量の幅が狭い組織

またこれとは反対に、個人裁量の幅が狭い組織で見られるパワハラもあります。大規模な組織でみられる、ねちねち型のパワハラがその典型です。力を誇示したいのにほとんど自分の裁量で決められることはないため、細かなことで部下にケチをつけます。自分の顔色をうかがうように仕向けたいという心理から、ねちねちとした嫌がらせをするのです。

実例　ささいなミスをせめたてて、無能よばわりする

人材派遣会社の調査部勤務の相談者［四五歳・男性］の場合

異動により東京にある本社に転勤し、調査部に配属された。直属の上司は銀行出身で、調査方法は、上司が銀行での経験を元に作り上げたチェック項目に従って行うものである。チェックすべき内容は社員が使う机の中身にいたるまで細かく調べるというやり方で、営業の現場にいた自分の経験に照らしてもあまりにも細かく、自分としてはなぜここまでやらなければならないのか理解できなかった。部長面談の際、その問題点を指摘したところ、上司と部長から叱責をうけた。

以来、報告書を提出しても一度としてすんなり受け取られたことはなく、何度もつき返され怒鳴られてきた。それもチェック項目につける丸印の位置がわずかにずれているだけで無能よばわりをされるのである。ちょっとしたミスでも始末書を書かされ

平謝りさせられる。毎回会議室で大声で怒鳴られる様は周りの職場の全員が知るところだが、誰も助けてくれる様子はなく、もうこうした環境で働くのは耐えられない。

失敗が大きな損失につながる業務

何億円もの大きなプロジェクトを遂行していたり、わずかなミスが大事故につながるような組織では万が一の失敗も許されません。そうした組織では常にお互いの仕事をチェックしあう風潮が生まれます。管理職ならなおさらのこと、部下の間違いを許すことはできませんし、間違いを起こす前に注意を促すことが日常の仕事となります。それがエスカレートすると、お互いの行動や心理までチェックするようなメカニズムが働いてしまうことになりかねません。

たとえば原子力発電所や巨大コンビナートでは、わずかなミスも許されません。建設現場では事故を防ぐために、大声で怒鳴ることは当たり前です。それが日常の仕事の進め方だとしても、自分の気分しだいで怒鳴ったり、不適切な叱責を行えば、ハラスメントにつながってしまいます。

実例 学歴の高い部下に理不尽に当たり散らす

大手建設会社勤務の相談者［四三歳・男性］の場合

一部上場の建設会社に勤めて一八年になる。現場監督をいくつも経験し、大きなプロジェクトも成功させてきた。この実績が買われ、駅前の再開発事業の現場監督という大きな責任を担う事業を任された。ところが、この事業の総責任者は、何かにつけて怒鳴り散らす人で、ちょっとした情報の行き違いにも「何やってんだ、このボケ！」「オレをナメんのか！　なんか文句があるのか！」と威嚇する。総責任者というプレッシャーもあるのだと思うが、どうもこの人は学歴に劣等感があるらしく、自分よりもいいとされる大学出身者にはとくにきつく当たる。自分もその一人で、どう考えても理不尽な怒鳴られ方である。大声で怒鳴ることや荒い言葉づかい、多少の暴力が当たり前になっている組織で、このような言動が日常茶飯事だ。

閉鎖性の高い組織

パワハラを受けたという相談者の約四割が事務職に従事しているという特徴があります。事務職の仕事は営業や販売・接客の仕事などと違い、朝出勤すれば、退社まで顔を合わせる人が固定されています。同じメンバーで同じ空気を吸いながら丸一日を過ごすわけですから、同僚の気配も気になれば、上司の気分にも気を遣います。少しでも空気を乱すような出来事があれば一大事。周囲は敏感に反応し、気分は伝染します。場の共有度が高ければ高いほど、その雰囲気を壊したり、乱すことはタブーになります。

私たちは仕事でさまざまな業界や職種の人と接する機会が多いのですが、同じ職場の人同士はどうしても同じ雰囲気を持ちやすいと感じています。動作にしても、言葉のテンポにしても、一緒にいればいるほど、似てくるのでしょうか。

また、上司はその雰囲気をコントロールすることによって、その場を支配することができるようになります。閉鎖的であればあるほど、上司の気分をうかがいながら働くような職場風土ができやすいといえるでしょう。

逆に営業職などは、ノルマ等のストレス要因は多々ありますが、結果責任は自分にあるので、たとえ仕事がハードでも精神的には割り切りやすいという特徴があります。事務職と違って、外回りと言う名目で災難を逃れることもできるのが救いです。自分に影響を与えるものも、上司だけではありません。お客という強力なパワーをうしろ盾にして、上司の無理難題に対して物申すこともできます。

しかし外からの力の作用が少ない閉鎖的な空間は、パワハラの芽が育ちやすく、大きくなりやすい環境ということができます。

実例 上司が別の部署で悪口を言いふらす

新卒で大学病院の事務職に就いた男性［二三歳］の場合

医事課に配属になり、直属の上司である係長の下で仕事が始まったが、この係長は仕事をまったく教えようとしない。仕方がないので自分で仕事を探し、やり方は先輩に教えてもらいながら覚えていった。その後二ヶ月ほどして、係長が他の部署の職員に「あいつは何も仕事ができない」と言いふらしていることを知り、愕然とした。

どういうわけかわからないが、自分に対して確かに他の同僚とは明らかに扱いが異なり、些細なことでも自分だけが怒鳴られ、「もう仕事はさせない」などと言われる。いまだに仕事を与えられず、雑用を見つけては自分でやっている。先輩は見かねて仕事を分けてくれているが、このようなやり方に面と向かって異議を唱えている人はいない。このままでは将来に希望も持てないので、さらに上の上司に相談したが「短気を起こさず我慢して」となだめられるばかりである。

伝統を重んじる組織

あなたの会社の主力事業の売上比率は一〇年前、二〇年前と比較して、どう違っているのでしょうか？　あまり違いがないとしたら、そこにパワハラ的な風土が育っていても不思議はありません。ＩＴが普及し、それに伴って新たな産業が発展しています。その結果、組織のあり方や価値観も変化しているはずです。従来、情報は管理者を通して上から下へと流れるものでした。仕事においても長年の経験や勘が重視され、上司は部下をはるかにしのぐスキルを持っていました。

また大量生産・大量販売というビジネスモデルが利益の源泉であった製造業においては、画一性、高効率、高品質が求められていました。そうした時代の主事業がいまだに企業を支える本業だとしたら、変化への対応は難しいといえます。企業において大事にされる価値観は、メインとなる事業の価値観とイコールである場合が多いからです。そのため、古くなりつつある価値観を次世代の社員にも押しつけている可能性があります。

「営業は頭を使うな、足で稼げ」「夜討ち朝駆けで攻めろ」といった根性論ではものは売れない時代となっています。上司の引越しの手伝いや家族ぐるみのボウリング大会への参加なども、社員のモチベーションを高める手段として有効に機能した時代があったかもしれませんが、今は逆に意欲を阻害しかねません。にもかかわらず、それらがまかり通っているような企業では、個人生活への過剰な介入というハラスメントも起きやすいでしょう。論理より情や根性が大事にされる組織であれば、それについていけない人を排除するのも当然といえるのかもしれません。

実例 方針も示さず、「とにかく売れ」と強要する

大手電機メーカーの営業所勤務の主任［四八歳・男性］の場合

首都圏の営業所に勤務している。営業本部長が定期的に役職付きの社員を個室に呼び出して説教をする。「お前はクズだ！　もういらない」「辞めるか、実績を上げるか、どちらかだ」と、一回につき三〇～四〇分叱責されるのだ。今のところ辞めた人はいないが、担当地区を変えられたり雑用に回された人がいる。この営業本部長は、商品の販売戦略も立てず、とにかく「なにがなんでも売れ！　売れないやつはクビだ！」の一点張りで今までもやってきたらしい。今の時代、このようなやり方で商品が売れるようになるとはとうてい思えない。本部からは厄介者として烙印を押されており、いつかは辞めさせられる運命らしい。でもそれまでの間、この営業所にいるのかと思うと気が重い。

第4章 どんな職場で行われやすいのか

第5章

あなたも加害者かもしれない

自分でチェックしてみよう

パワー・ハラスメントという言葉が話題になりはじめてから、あちこちの企業に研修や講演でうかがうことが多くなりました。最近よく聞かれるのが、「自分はパワハラをしているのかもしれない」と心配する管理職の声です。概念がかなり定着してきた「セクシュアル・ハラスメント」と違って、パワハラは言葉が先行ぎみで、その定義や実例はまだあまり知られていません。「知らず知らずのうちに加害者になっているのでは？」という不安が、パワーを持つ管理職の間で広がっていっても不思議はありません。

そこで、私たちは「パワハラ加害者度」のチェックリストをつくってみました。

該当する項目にチェックを入れてください。数字が高い番号にチェックがたくさん入っているほど、パワハラ度は高くなります。とくに9や10にチェックがついたら管

あなたの「パワハラ加害者度」チェック

□	1	出来の悪い部下ばかりを割り当てられる気がする
□	2	目障りに感じる部下がいる
□	3	部下の仕事の内容を把握していないことがある
□	4	部下によく説教をする
□	5	部下を叱るとき、人前かどうかは気にしない
□	6	部下の人間性まで攻撃することがある
□	7	部下は自分の顔色を見て行動する
□	8	自分に異を唱える者はいない
□	9	病気がち、休みがちな部下が多い
□	10	何人か一緒に辞めた部下がいる

理職として職場環境を再点検する必要があります。第7章で述べる「管理職へのアドバイス」を参考にして、すぐに対策をとってください。点数が低い方も、パワハラをしてしまうかもしれない上司の心理を知ることによって、有効な予防策がとれるかもしれません。パワハラの素地をエスカレートさせないよう、自覚することが大切です。

以下、チェックリストの各項目について説明していきます。

出来の悪い部下ばかりを割り当てられる気がする

こう思うのは、「自分はできるが部下はできない」「自分は正しいが部下は間違っている」という優越感や万能感が背景にあるから、ということができるでしょう。ですからどんな人が配属されても気に入りません。通常私たちが仕事をする場合、いわゆる金、モノ、情報という資源を十分に与えられて行えることは稀です。人材も同じことで、たとえできない部下が来ても、使いこなすのが管理職の仕事です。出来の悪い部下であっても、その能力をいかに引き出し、最大限の効果をあげるかが、管理職の手腕といえるでしょう。結果が悪いのを、部下のせいにしはじめたときパワハラが始まります。

「なんでこんなこともできないのか」「俺はついてないよ、いつもバカばっかり割り当てられる」「あいつさえきちんと仕事をしてくれれば、こんな失敗はしなかったのに」……そんなことを考えてはいませんか？

目障りに感じる部下がいる

こうした思いは劣等感と密接に関係しています。部下のほうが学歴が高かったり、仕事ができたりすると、自分が否定されている気がするのです。そして、自分の存在をおびやかすやつは今のうちにつぶしておこうという無意識の心理が働いて、パワハラを行うことになります。

たとえば、自部門に一流大学卒の部下が配属されることになった上司が、「最初が肝心だ、早めに叩いておくんだ」「なめられてたまるか」「俺の力を見せてやる」と部下に言ってまわったり、元大手企業の社長秘書をしていた女性が、結婚後再就職した会社の上司から「ここは大企業じゃねえんだ。気取ってんじゃねえ」「何様だと思ってんだ！　言われたことだけしてりゃいいんだ」と言われ続けてホトホトまいってしまった、という例があります。

劣等感に打ち勝とうと懸命なのでしょうが、強がれば強がるほど劣等感の呪縛から逃れることはできません。自分自身の強み、長所を探して生きることの方がお互いにハッピーであることは言うまでもありません。

部下の仕事の内容を把握していないことがある

仕事の内容がよくわからないために「とにかくなんとかしろ！」と怒鳴る上司がいます。単純に忙しくて部下の仕事まで見ている暇がないという場合もありますが、パワハラまでエスカレートするケースでは、部下の仕事が難しすぎて上司が理解できない場合が考えられます。たとえばＩＴ技術・知識の格差は顕著で、上司には部下のやっていることがまったくわからないことがあります。すると、イライラと不安がつのり、「俺がわからないとでも思っているのか」「そんな説明ではお客は説得できないぞ」などと部下を怒鳴ってしまうのです。

管理者は部下の仕事をすべて把握しようとするのではなく、部下に期待する成果を具体的にきちんと示し、自己責任の下に計画を作成させ、その進行を管理するのが仕事です。

部下によく説教をする

自分のストレス発散のために部下に説教する人がいます。説教するからには部下の思考や行動を変えさせるという効果がなければ意味がありません。相手がそれを受け入れる状態にない時に説教しても単に時間の無駄なのです。たとえば、コンピュータへの入力代行を行うある会社の部長が、自分はほとんどすることがないため、部下を毎日一人ずつ呼びつけては、入力ミスや職場での態度について説教をしているという例がありました。

第1章のパワハラによる生産性低下のシミュレーションでも明らかなように、むだな説教は説教する側される側、両方の時間を浪費し、会社に多大な損害を与えます。

部下を叱るとき、人前かどうかは気にしない

上司が部下を叱る目的は、問題行動が改善されることでしょう。他の社員たちの前で叱ることは、お互いが信頼感をもって、失敗は失敗として認め、次のステップへの肥やしとできるような組織風土が育まれていなければ、逆効果です。つまり、叱られた人のプライドは傷つき、仕事の改善に焦点を合わせることができず、自分の尊厳を維持することだけで精一杯になってしまいます。また周囲の人も、あんなふうに叱ら

れたくないという思いにとらわれて、積極的に仕事にチャレンジする意欲が削がれてしまいます。

たとえば、金融関係のある会社の部長は常に課長に怒鳴っていました。それを聞いている部下は課長の気持ちが痛いほどよくわかりますが、かといって慰めることもできず、だんだん課長に近づくこともできなくなってしまいました。そのため、仕事がスムーズに運ばず、部長から課長への叱責がさらにエスカレートしている、というような事例もあります。

部下の人間性まで攻撃することがある

「親の顔が見てみたい」「育ちが悪いからそうなんだろう」「まったく何をやらせてもダメなやつだ」といった攻撃のしかたはその人の人間性を否定するものです。その人がやった行為が間違っていた場合、それを叱るのは管理職として当然の仕事ですが、その際に性格や身体的な特徴、出身、家族のことまでとりあげて叱っているとしたら問題です。内容によっては人権問題で訴えられることもあるでしょう。国際化がますます進む昨今、うかつに発した一言が大問題になるかもしれません（反対にほめるときは、「これができたからすごい」と行為を限定して評価するのではなく、「君はすばらしい」「お前だからできると思った」と全人格をほめるのがコツです）。

母親が事故で入院したので休暇を願い出たら、「お前の親のことだから車にぶつかって行ったんじゃないのか？　保険金目当てだろ」と言われ、あまりの仕打ちに嘆く相談者もいました。そのほか、「デブは何をやってもだめさ、自己管理もできてないくらいだからね」「だいたいあの年代はバカばっかり採ってるからな。しょうがねえよ」……人はこれほどに他人を攻撃する言葉に不自由しないものかとあきれるばかりです。

部下は自分の顔色を見て行動する

上司は明確な言葉で部下に仕事の目標を伝え、それを実行させていく必要があります。「そんなことくらい、いちいち聞かなくちゃわからないのか」「とにかくなんとかうまくやってくれ」「俺が何を考えているかくらいわかんないのか」……このような言葉を発していないでしょうか？

一昔前までの仕事はほとんど内容的に変化もなく、戦略も決まっていました。しかし、今は不確実性の時代。わからないことだらけの中で仕事をしていかなければなりません。そうした状況に加えて上司の指示が不明確だと部下は仕事を遂行することができません。ましてやわざと不機嫌な顔を見せて、自分の機嫌を害させないように部下をコントロールしたり支配するようでは、生産性をいちじるしく低下させてしまいます。職場の雰囲気が常にピリピリしていて、シーンとしているようなら要注意です。

あるメーカーの総務部長は社内でも知れわたった辣腕部長でした。半年前まで営業の第一線で活躍していましたので、声が大きく、フロア中に響きわたるのです。部長が部屋に近づく足音だけでオフィスに緊張が走ります。機嫌のいいときはいいのですが、いったん不機嫌になると誰彼かまわず当たり散らすので、社員はみな部長と目が合わないようにしているそうです。このような職場で働きたいと思う人がいるでしょうか？

自分に異を唱える者はいない

部下がほとんど自分の意見を言わないとしたら、その状況は深刻にとらえるべきです。それは力で部下を支配している証拠だからです。すでにパワハラはかなり進行しているとみてよいでしょう。こういう組織ではだんだん社員がものを考えなくなってしまいます。たとえそれが不法行為であったとしても、自分の責任ではなく上司の言うとおりにしただけという無責任体質が染みついてしまい、組織は瓦解してゆきます。

ある金融会社では課長が主催する会議では課長だけが話し、部長が主催すれば部長だけが話すという暗黙のルールができあがっていました。参加した社員は誰もが無表情で凍りついたような顔をしていたので、転職してきた社員が驚いた、という例もありました。

病気がち、休みがちな部下が多い

一人の部下が病気になったり、休みがちになることはどこにでもあるでしょう。しかし、風邪などの感染性のものをのぞいて病気になる部下が多いとしたら、もはやそれは部下個人の問題ではなく、組織の問題ととらえたほうがよいでしょう。体だけでなく心の病気を患う人が多ければ、なおさらのこと。なぜ自分の部署だけ休みが多いのか、仕事がきつすぎないか、人間関係はどうか、自分が原因かそのほかの要因があるのか、少し分析的に見直してみる必要があります。職場の安全配慮義務は管理職に課せられた大事な仕事であることを忘れないでください。

何人か一緒に辞めた部下がいる

複数の部下が前もって相談もなくいっせいに辞めるのは、会社にとっては大きなダメージとなります。そんなことは誰もがわかっていること。にもかかわらず事前の相談なく辞めるということは会社に対する、あるいは上司に対する反抗の意思表示です。時には競合会社からの引き抜きなどという事態もあるかもしれませんが、そういう危機を予測できないような管理をしていたことも問題です。

あるコンピュータ・メーカーの関連子会社では、上司の暴言に辟易としていたSE五人が同時に会社を辞めました。たまたま他の会社から引き合いがあったのでそろって転職することにしたのですが、今までの仕打ちを考えると許せないので、その上司を訴えるつもりであるという話も聞きました。

パワハラをしやすい人

多くのパワハラの相談事例を分析してみると、パワハラをしやすい人の傾向が見えてきます。ひとつは個人の気質に起因するもの、もうひとつは普通の状況であればパワハラなどしない人なのですが、ある種の環境や状況に置かれることによってパワハラをしてしまうというものです。

個人の気質によるもの

パワハラをしやすい人の気質をまとめてみると次のようになります。

性格が攻撃的

仕事にも人生にもとても積極的で挑戦的なタイプです。自分自身が精一杯仕事に取り組んでいるので、「こんなこともできないのか」「だからお前はダメなんだ」とそのときの行為だけでなく、相手の全人格まで否定してしまいます。非常にアグレッシブな性格で、仕事もドンドンこなし、実力があると言われている人にありがちです。

ある広告代理店の部長は朝七時半には出勤し、帰るのはたいてい一一時過ぎです。夕方顧客の接待があっても、いったんは会社に戻ってから帰宅します。そのためその時間まで部下が残って働いていないと「俺がまだ働いているのに、もう帰ったのか」とののしられ、残っていれば仕事のことで大きな声で怒鳴られます。時には机を蹴飛ばしたり、ものを投げたりするので、みな怖くて何もできないということでした。これなどは、攻撃的な気質の典型です。

威厳の誇示をしたがる

自分の力を大きく見せたいというタイプによく見られます。「俺のおかげで、あの会社はつぶれずにすんでいるんだ」「俺に逆らうとどうなるかわかっているんだろうな」など、影響力があることをちらつかせて相手を支配しようとします。

ある旅行代理店の所長は取引先にも旅館にも圧力をかけて、「俺は旅館もホテルもお金を出して泊まったことがない」と豪語しています。その上、取引先の人事にまで口を出し、もちろん部下にも相当な圧力をかけて営業成績を維持しています。

嫉妬深い

自分を通さずに仕事を進めることを極端に嫌います。仲間同士で話していたり、新しい顧客を獲得したりすると、その内容が気になり、細かく聞かずにはいられません。猜疑心が強く、劣等感を持っているタイプです。

自己中心的

ある意味、自分に自信がある人に多いタイプです。「この会社は俺一人でここまでにしたんだ」「文句があるなら辞めちまえ!」といった暴言を吐き、自分のやり方を押しつけます。周囲のことがわからない分、自分自身も見えていないので、暴走しがちです。子供がそのまま大人になったような人で、中小企業の社長などによく見られるタイプです。

しつこい

「はんこの押し方が曲がっている」「コピーが汚い」など細かいことをしつこく指摘します。部下のミスや言動をいつまでも覚えていて、「あの時も、お前は」と、過去のことまで引き出して説教するので、部下はストレスがたまります。小さなことでも繰り返し指摘されれば精神的にまいってしまいます。

潔癖症

完璧主義者に多いタイプです。自分の思い描いたとおりにならないと気がすまないので、部下に何度でもやり直しを求めます。重箱のすみをつつくようなことまで指摘するのが特徴です。

自己保身に走る

自分を守るために部下を犠牲にする上司です。会社に対する依存度が高いので、自らもパワハラの犠牲になりやすいタイプです。次にあげる例はその典型です。

養護施設に勤めるAさんは、ある家族から子供に対して不当な扱いをしたと文句を言われました。この家族はいつも職員を攻撃してくるクレーマーとして有名ですが、問題を指摘された施設長は、Aさんが悪くないことを知っていながら、ことを穏便に収めるためにAさんに始末書を書かせ、家族にも謝らせました。施設長は問題が大きくなって役所に訴えられることを常に恐れて、いつも職員が犠牲になっています。

環境・状況からくるもの

次に環境的な要因をあげてみましょう。ある種の環境や条件の下では、本来はとてもパワハラなんてしそうにない人でも加害者になりうる、というものです。

ストレス過多

過重な労働やノルマ、サービス残業がはびこっている職場に多く見られます。自らも過多なストレスを受けているため、余裕がなく、部下に当たり散らすことが多くなります。

自分もパワハラを受けてきた

自分自身がパワハラを受けた経験があると、部下にも同じことをしてしまいがちです。会社そのものが家族的で、余裕を持って仕事ができた時代には、慣習を守ることが最良の勝ち残り策でもありました。また多少厳しいことを言ってもフォローしあう仲間がいたり、気持ちの上で救われることもありました。しかし、今のビジネス環境では前例や慣習は役に立たない場面が多々あります。

「営業は足で稼げ」「夜討ち朝駆けで誠意を示せ」「接待相手のご機嫌を取るためにはなんでもやれ」「宴会は無礼講だ、恥を捨てろ」などという言葉を信じたとしても、競争には勝てないことは明らかです。にもかかわらず、古い慣習にしがみついていたり、また、「上司に怒られて人は成長するんだ」「ここが試練だ。死んだつもりでやってみろ」などと自分が受けた理不尽な体験をそのまま部下に押しつけます。

リストラがらみ

リストラで部下を退職させるために、さまざまな嫌がらせをするケースです。辞めさせるのが目的ですから、意図的なパワハラといえるでしょう。

ある相談者の話ですが、「ぜひ君に新規の顧客開拓をやってほしい」と言われ、営業所開設準備室に赴任したら、担当は二人、机と電話だけで何のサポートもなし。会社は今リストラの最中で新規開拓はしていないということを後で知らされました。開設準備もできず、ただ何もできずにいる毎日で、結局半年後に二人とも会社を辞めたといいます。

もしかしたらパワハラしているかも

研修では管理職たちの間から「少しでも汚ない言葉づかいをしたらパワハラか?」「成長を期待して厳しくするのもパワハラか?」「パワハラパワハラと騒がれたら、指導することもできない」という意見が多く聞かれます。また、「どこからどこまでがパワハラか、業務上の指示とパワハラの違いについて教えてほしい」という要望も多く寄せられます。実際、以下にご紹介するように、まぎらわしい例が多々あるのです。

パワハラのつもりはないのに……

自分でまったく気づかないうちに、あるいはそのつもりがないのに、パワハラをしていることがあります。事例を見てみましょう。

いつの間にかパワハラ?

実例 上司も悩んでいる

製薬会社営業所長〔四五歳・男性〕の場合

二年前、本社から地方営業所に赴任して以来、部下を呼んでは「なんでこんなこともできないんだ!」と怒鳴りつける日々が続いている。部下が「ノルマを達成できません」とあっさりとあきらめの報告をしてくるのが口惜しい。あきらめる前に売上アップのためには何が必要か、自分に相談してほしい。相談してくれればいろんなアイデアを提供し、それで部下を鍛えたいと思っているのだが、そうした思いを踏みにじられている気がして、その結果イライラが募り、また怒鳴る。怒鳴ると萎縮して部下は何も言わなくなる。自分の若いときは、怒鳴られても上司に食い下がってなんとかしようと思った。その結果上司とも腹を割って話せる仲になっていったのだ。しかし、最近の若者はそういう関係を避けて表面的にしか付き合えない。だから、部下を鍛えるために、怒鳴りあって話しあう以外にどんな方法があるのか、まったくわからない。自分自身、怒鳴ることはストレスになっているし、そのことで部下との溝も深まるばかり。こんな自分はパワハラ上司なのだろうか。

叱るとはどういうことか、どこまで許されるのかということに悩む上司が増えています。ある辞書には、「叱る」とはそもそも「物事の善悪を教えること」と書かれています。「教える」ということは、相手の側に立つ意識がなければ成り立ちません。
また、叱るという行為は、親が子供の将来を心配して行う場合のように、基本的には

「愛情」がベースになっていると思います。「イライラして怒鳴る」「気に入らないから小言を言う」といった自分中心の感情から発したものは、「叱る」とは言わないでしょう。まず、自分の感情をぶつけるだけになっていないかどうかをチェックする必要があります。

善意のつもりが加害者に……

自分では善意のつもりで行っていても、相手はそう受け取らない場合があります。たとえば次のような例です。

実例 ボランティア活動を強要される
ある看護師の場合

看護師のBさんはいつも先輩から責められているような気がする。先輩は確かに実力があり、患者さんにも一生懸命応対している。またボランティア活動も熱心だし、災害があったときの募金活動なども率先して行っている。それはすばらしいと思うのだが、「○○さんはまだよね」と協力しない人は名指しで非難される。

募金も毎回できるわけではないし、自分も仕事は一生懸命しているが、生活のすべてを患者さんのために尽くすわけにはいかないのも事実。先輩と接していると「私は善い人、あなたは悪い人」と言われているような感じがして、無言の圧力を感じる。

見てみぬふりは罪ぶかい

自分は直接パワハラをしていないが、上司が他の社員にパワハラしているのを「見てみぬふり」しているケースも多く見受けられます。周囲の人がパワハラを許してしまえば、上司はそれでいいのだと解釈し、パワハラはエスカレートしていきます。

実例 孤立無援となる

ある病院事務員の場合

病院の事務部門に勤めるCさんは、絶対に口答えしない性格がわざわいして、事務長の機嫌が悪くなるたびに叱責の対象にされていた。ほかの人のミスまでCさんの責任され、「職場の雰囲気が悪いのは、お前の性格が暗いからだ」とまで言われる。しかし、ミスをした本人やそれを知っている同僚は知らんぷり。それどころか、「あなたがグズだから叱られるのよ」と追い討ちをかけられる。

上司から攻撃されたとしても、仲間がかばってくれたり慰めてくれれば、心理的ダメージは軽くてすみますが、このように孤立無援で攻められるのは耐え難いことです。見てみぬふりはパワハラを助長するだけでなく、被害者をいっそう追い込むことになります。

パワハラには当たらない場合

労働者は会社に雇用され、身分を保証されています。その保証に対して会社や上司の指示や命令に従う義務があります。この権利と義務の関係をはき違えて義務を遂行していないにもかかわらず、権利を主張し続ける人もいます。また、管理職は部下を教育したり、命令したり、ときには叱ることもありますが、それは健全な企業活動の中では当然のことです。

実例 自分の後輩が抜擢された

大手電機メーカーの営業所長〔四〇歳・男性〕の場合

入社以来一八年間、営業畑ひと筋で頑張ってきた。東海ブロックの責任者として三年の実績があり、成績も好調だった。「若手をどんどん登用させる」という会社の方針が決まり、自分が本社の営業統括課長に抜擢されるというもっぱらの噂だった。自分も内心、そういう辞令が出ると思っていた。ところが、先日の辞令で自分より二年も後輩で、経験も浅い他のブロックの責任者が抜擢された。確かに彼は最近、成績を伸ばしているが、自分より有能だとはどうしても思えない。本社の同僚にさぐりを入れると、本社の営業事業部長は自分に対していい印象を持っていないらしい。これは明らかに自分に対するパワハラだと思う。

昇進や昇格に関する不満は多く寄せられますが、組織に属している以上、上司からなんらかの評価を受けることとなります。後輩が先に昇格するのも、成果主義を導入している組織なら当然のことでしょう。しかもこのケースの場合、実際に本社の営業部長がこの人に人権を侵害するような、具体的な言動を行っているわけではありません。よってこれだけではパワハラとはいえないケースです。

実例 上司の注意をパワハラだと訴える

契約社員で事務をしている相談者［三二歳・女性］の場合

契約社員として営業事務の仕事をしている。働きはじめてからすぐに異動してきた課長は、朝、自分が挨拶してもろくに返事もしない。なんとなく話しづらくなってしまったので、そのまま距離を置いていたら、そのうち仕事で怒鳴られるようになってしまった。あるとき報告しなければいけないことをそのままにしていたら、「どうして報告しないんだ！」と一方的に自分が悪いような言い方で責められた。人事部に相談したら、「課長の言い方もよくないと思うけれど、あなたも自分から話しかける努力をしてみたらどうか」と言われてしまった。上司だったら部下が話しかけやすいように配慮するのが当然だと思うが、それをしない上司をおかしいと感じないこの会社の風土に問題があると思う。

挨拶に返事をしないこの上司は、確かに部下に対する配慮に欠けている部分があると思われます。しかし、この相談者は「上司が自分に配慮するのが当然」と思っており、自分は何もしないでただ相手に何かしてもらうのを待っている様子がうかがわれます。これはお互いのコミュニケーション能力に問題があるといえるでしょう。当然部下は仕事の経過を上司に報告しなければなりません。つまりこの上司の指摘は業務の範疇であると思われ、これを「一方的に怒られた」と感じてしまうのでは、仕事に対する責任感が疑われます。これだけではパワハラであると判断はできません。

第6章

あなたも被害者かもしれない

自分でチェックしてみよう

パワハラの相談を受けていると、明らかにそれはパワハラだろうと思えるようなケースでも、相談者が「これはパワハラなんでしょうか？」と聞いてくることがあります。パワハラの特性として、最初はささいなことからスタートし徐々にエスカレートしていく点があげられます。無能よばわりされ続けているうちに、被害者は正常な判断能力さえ奪われ、被害者であることを自覚できなくなるのです。

次ページに「パワハラ被害者度」のチェックリストを挙げましたので、チェックしてみてください。1から10のうちいくつかチェックがつけば、あなたはパワハラを受けている可能性があります。とくに5以降の項目にチェックが入った人は要注意。これらの行為が繰り返されていれば、深刻なパワハラだと思ったほうがいいでしょう。

11から20まではパワハラの影響が心身にどのような影響を及ぼしているのかをチェ

あなたの「パワハラ被害者度」チェック

- □ 1 過重な仕事を与えられた
- □ 2 ぜんぜん仕事を与えられない
- □ 3 「バカヤロー」「のろま」などの暴言を吐かれた
- □ 4 「辞めてもいいんだよ」などと脅された
- □ 5 ミスの注意だけで済まず、人格まで否定された
- □ 6 人前で激しく叱責を繰り返された
- □ 7 ねちねちと叱責された
- □ 8 暴力をふるわれた
- □ 9 無視され続けている
- □ 10 不法行為を強要された
- □ 11 最近ミスが目立つようになった
- □ 12 何に対しても意欲がわかない
- □ 13 職場に行きたくない
- □ 14 上司の言葉が気になり、仕事が手につかない
- □ 15 手が震えたり、動悸がする
- □ 16 熟睡できない
- □ 17 体調が思わしくない
- □ 18 自分はダメだと思うことがよくある
- □ 19 消えてしまいたい感じがする
- □ 20 精神科、心療内科に通っている

ックする項目です。番号が大きくなるほど、影響も深刻といえます（ただし、1から10までの設問にチェックが入らず、11以降にたくさんチェックが入った人は、原因がパワハラではない可能性があります）。

被害者に多いタイプ

非主張型

被害を訴える相談者には大きく二つの傾向があるように思われます。ひとつは過度な要求や人権を侵害されるような言葉を投げられても、抵抗しないタイプです。何か間違いやトラブルがあると、自分が悪かったのではないかと自責の念を抱く人が多く、どちらかと言うと自分に対する評価は控えめです。期待に沿うよう一生懸命努力したり、上司との無駄なトラブルを避けるため、自己主張せず、黙ってしまうタイプです。

そのため彼らは攻撃的な上司にとっては格好の標的となってしまいます。都合の悪いことをすべて押しつけても、黙ってやり遂げようとし、いくらバカにしても反論してこないので、ハラスメントはどんどんエスカレートすることになります。このようなタイプを〈非主張型〉と呼ぶことにします。

主張型

もうひとつの被害者タイプは自己主張が強い人です。仕事に熱心で自分なりに正論を通そうとする人が多いので、無理解な上司に当たるとぶつかることもしょっちゅうです。ああしてほしい、こうしてほしいと権利を主張するわりには、自分がやるべき義務を果していないこともあるので、上司から見ると「いちいち細かいことにうるさい部下」であり、「屁理屈をこねる」「権利ばかり主張する」目障りな相手になります。その頻度があまりに多いと、ついバカヤローと言いたくなってしまうでしょう。

このタイプを〈主張型〉と呼ぶことにします。

それぞれのタイプによって、パワハラを受けた結果は違ってきます。図を見てください。

この図は被害者のタイプと会社への依存の度合によって、パワハラというプレッシ

強すぎるプレッシャーへの反応

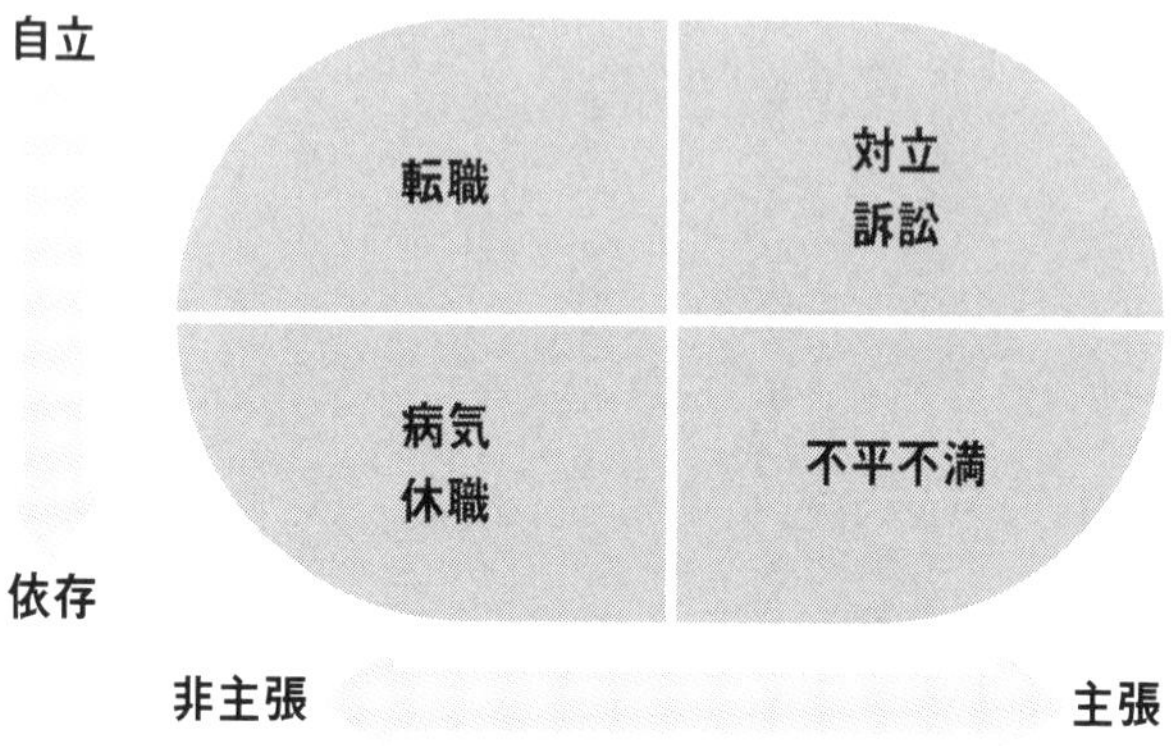

ャーに対する反応の違いがみられることをあらわしています。自己主張の強弱を横軸に、組織への依存度を縦軸にして被害者のタイプ別マトリックスをつくってみました。

自己主張をあまりしない〈非主張型〉の人で、会社を辞めてもいいと思っている人、つまり組織への依存度が低く、自立している人は、黙って会社を辞めていきます。もともと被害にあいにくいタイプですが、同じ職場で誰かが被害にあっているのを見るのも嫌がります。自分が標的にならないように淡々と仕事をこなすものの、パワハラの度が過ぎればその職場を見限って転職していきます。個人と会社が対等に契約を結んでいるという意識の強い有能な人材である場合も少なくありません。

〈非主張型〉でも、会社を絶対辞められない、つまり組織への依存度が高い人は心身にダメージを負いやすく、病気になったり、休職したりします。このケースがいちばん深刻でしょう。パワハラを受けても黙って耐え続けようとしてしまうのです。失敗やミスに対しても弁解したりしないので、管理職のほうもつい過剰に厳しく当たったり、言わなくてもいいことを指摘してしまうケースが多々あります。

一方、〈主張型〉の人で、組織への依存度が強いと、「不平不満が多い人」になります。パワハラを受けたと感じるとあちこちで騒ぎたて、混乱を引き起こすことがあります。自分の行動を変えるよりも、上司が悪い、上司を変えるべきだという責任転嫁の主張をしがちで、自立性と社会性の欠如がうかがわれる場合もあります。

〈主張型〉で組織への依存度が低い人は、自分が受けたパワハラに対して敢然と戦いを挑むので、対立や訴訟を起こすことが多い傾向にあります。上司の権威をパワーと受け止めないこともあり、上司もむきになって、ときには脅しまがいの言葉を使ったり、仕事を取り上げて懲らしめようとするケースもあります。

被害を受けたらどうすればよいか

それでは自分がパワハラの被害者になってしまったときは、どうすればよいでしょうか。

パワハラに対する意識を高める

第3章でもふれたようにパワハラは徐々にエスカレートしていくという特徴があります。初期の段階で気づいてくい止めれば、十分に修復は可能です。大切なのは自分が受けている行為がパワハラなのかどうかを認識することです。

相談を受けていて強く感じるのは、被害者の側が、人権や労働者の権利について知識不足だということです。それ以前にパワハラを疑問に思わない従順さや言われたことにまったく反論しない気の弱さも目につきます。職場で働く条件などについては就業規則に載っています。たとえ社長であっても、この決まり以外のことで罰則を加えることはできません。ましてや解雇、減給などは正当な理由がなくては絶対にやってはいけないことです。会社に雇用されたら、まずは自分自身が持っている権利や義務について十分知っておくことです。

人はみな憲法によって基本的人権を守られています。また労働者は労働法によってその権利が保証されています。自分の人格や尊厳が侵されたり、働く権利が侵害されるような言動や仕打ちに対しては、はっきりNOと言ってもよいのです。

もちろんパワハラをするような上司ですから、直接相手にNOと言わないほうが賢明な場合もありますし、職場の人間関係や状況でNOと言いにくいこともあるでしょう。また言ってしまうと、相手によってはますますパワハラがエスカレートすることもあります。そういう場合は黙って様子を見るという方法もありますが、そのときでも大切なのは「自分は権利を侵されている」「自分にはNOと言う権利がある」という自覚を持つことです。被害者がパワハラに気づきもしない、それがパワハラだという自覚さえないところでは、防ぎようにもその方法がありません。

自分の身に起きたことを書きとめる

自分がパワハラを受けていると感じたとき、まず最初にすべきはその状況を冷静に観察することです。パワハラだと思っても、単なる思い込みかもしれません。相談の中でもけっこう多いのが被害妄想的な思考にとりつかれているケースです。自分自身に弱みがあったりすると責められるのではないか、辞めさせられるのではないかと考えすぎて、「あの件はちゃんと始末したんだろうね」とか「君には無理かあ……」などと言われると、言いようもない不安に陥ってしまう人がいます。上司に責めるつもりがないにもかかわらず、自分からビクビクしてパワハラと思い込んではいないでしょうか。上司が言いたいことは何か、まずは事実を確認しましょう。

またパワハラだと思ったら、どこで、誰が、どんなことを、どのようにしてやったのか、ひとつひとつ書き出していくようにしましょう。この「書く」という行為が大切です。頭の中だけで考えていると、妄想がふくらんでしまいがちですが、書くという行為によって事態を冷静に客観視することができるからです。

また書くことによって、ためこんでいたストレスを発散できるという効果もあります。上司に暴言をはかれ、落ち込んでいても、それを観察者の立場に立って、冷静に記録することで、感情に流されずに一歩引いて見ることができます。「書く」という目標ができるので、気持ちも変わってくるでしょう。こうした記録は万一、訴訟になったときには重要な資料になるので、その意味でもぜひ書くことをおすすめします。

ちょっとした対応の工夫をする

パワハラの初期段階なら、自分の対応を変えるだけで食い止められることがあります。パワハラをエスカレートさせてしまう要因は「感情」です。「なんとなく相手が気に入らない」という感情がエスカレートしていき、「坊主憎けりゃ袈裟まで憎い」という状態まで行ってしまうのがパワハラです。そうなる前に食い止めるためには、努めて感情的にならないようにすることが重要です。

パワハラを受けて屈辱的な思いをしたり、恐怖で何も考えられなかったりしがちですが、意識して冷静に考えたり行動するよう、自分に習慣づけるようにしましょう。先に述べた「書く」という行為は、感情に流されずに物事を判断する格好のトレーニングになります。

パワハラの加害者である上司や同僚と話すときは、いったん友人に話すなどして怒りや悲しみの感情を開放したり、友人からサポートを受けて自信を取り戻してから上司と向かい合うのもひとつの方法です。話し方の調子を変えたり、背筋をすっと伸ばしてまっすぐな目線で相手を見るだけでも印象が違ってきます。背中が丸まって上目づかいで早口にしゃべると弱そうな印象を与えてしまいます。大きく深呼吸して、丁寧で、ゆっくりした話し方に変えてみたり、ふだんは高い声で子供っぽくしゃべる人なら、声を低くして、落ちついて話してみるといいでしょう。自分の対応を工夫するだけで、相手の対応も微妙に違ってくるはずです。

職場の人間関係を活用する

パワハラが自分ひとりではなく、複数の人間に対して行われているときは、職場のみんなで話しあい、どうしたらいいか検討しあうのがよいでしょう。そして可能であれば、加害者と直接話しあいを持ちます。そのとき注意したいのは、やはり感情的にならないこと。相手を非難するのではなく、状況を冷静に説明して、自分たちの要望を伝えます。このとき焦点を仕事の効率に合わせるとよいでしょう。相手も冷静に聞いてくれるようなら、当事者の間で、解決の方法が見つけられるかもしれません。

加害者が聞く耳を持たないという場合は、社内の別の人間や組織に助けを求めることになるでしょう。パワハラを行っている加害者の上司に当たる人や人事部門、労働組合などがこれに当たります。しかし、残念ながら現実にはこれらはあまり機能していないことも多いのです。労働者の味方である労働組合ですら、組織率は年々低下しており、役割も団体交渉的に労使関係上の問題を解決するのが主で、本来の機能である個々の組合員のニーズに応えられる体制になっているところは少ないとみたほうがよいでしょう。なお、社内の機関に相談するときはプライバシーが守られるかどうか、十分注意してください。セクハラでも同様ですが、秘密がもれて、「なぜおれの悪口を言ったんだ」とハラスメントがますますひどくなる「セカンド・ハラスメント」の被害にあうこともあります。

社外の機関へ相談する

社内に味方がいない場合は、社外の人に話を聞いてもらうのもよいかもしれません。身近なところでは、家族や友人に聞いてもらうだけでも、気分が楽になり、解決に向けて意欲がわいてくることがあります。心身に不調があるときは、医師を訪ねるのもよいでしょう。医師は専門的な立場から、友人や同僚とはまた違ったアドバイスをすることができます。

パワハラの行為が明らかに法律に触れていると思えるときは、労働基準監督署や労政事務所に相談したり、公的な相談窓口に問いあわせる方法もあります。自分が受けている行為が、法律の何に違反するのかという情報を得ておけば、今後の展開も考えやすくなります。人権を侵害されたり、それによって心身の不調をきたし、損害をこうむった場合は、弁護士に相談する道もあります。会社を辞めたくないときはいきなり訴訟に持ち込むのではなく、内容証明を送り、和解の道を探ったほうがよいでしょう。訴訟になった場合には、結果的に会社を辞めることになるケースが多いようです。

現在の法律でできること

かつては体育会系のノリで社員をしごいたり、怒鳴ったりすることが当たり前の企業もありましたが、パワハラという言葉ができたことによって、徐々に社会の認識が深まりつつあり、近い将来、「容認すべきではない」という考え方で世の中全体が動くようになると思われます。パワハラに対してただちに適用される新法の制定は難しいかもしれませんが、現状を放置しておくと、被害の拡大が十分考えられるため、現行法の延長上で防止を図っていくことが考えられるようになってきました。

もっとも可能性が高いのは、仕事や業務に関連して発症した心身の疾患に対して、業務上の疾病と認定し、労災保険が払われるケースです。とくにうつ病などの精神疾患に対して、従来は私傷扱いでしたが、最近では業務上傷病として扱われるケースも出てきました。重度のうつ病では自殺するケースもありますが、場合によっては企業も安全配慮義務違反でその責任が問われることになり、民法四一五条の債務不履行によって損害賠償責任が生じてくるとも考えられます。「私傷だから排除する」という論理は通用しなくなりつつあります。

損害賠償でもっとも多いのは、法に違反した不法行為によるものです。この中にはトップや上司による不法行為の強要も含まれます。不法行為は当然のことながら、憲法、民法、商法をはじめ、労働基準法、労働関係調整法など、「法」と名がつくものに違反した場合すべてに適用されます。たとえば「服を破られる」「個室に呼び出される」「怒鳴る」などといった行為も、度を越えていれば、民法七〇九条の不法行為と認定され、その出来事があってから三年以内なら、立件によって慰謝料が請求できます。また加害者が特定の上司であっても、発生場所が会社ですから、会社にも監督責任が負わせられます。「パワハラ常習の上司を会社が放置した」場合や、「業務内容にからめたパワハラ」なども、すべて会社に対する損害賠償の対象になるのです。

パワハラによって、心身に深刻なダメージを受けた場合は、労災申請も視野に入れることをおすすめします。その程度がひどければ、裁判に訴えるという方法もあります。パワハラを直接禁止する法律は今のところありませんが、セクハラ同様、被害者が声をあげることで、さまざまな法律が適用され、加害者や企業の責任を問えるようになってくるでしょう。

ちなみに司法の場では、まだ「パワハラ」という言葉は登場していませんが、「職場のいじめ」としての判例はいくつか出てきます。たとえば東芝府中工場事件では、行き過ぎた注意や指導を、指導監督権行使の範囲を逸脱するものとして「違法」であるとし、行為者へ不法行為、会社へは使用者責任を問い、両者へ損害賠償を求め、またその違法行為のために被害者が心因反応を示し、早退、欠勤した点について、カットされた賃金請求権があるという判決が出ています（東京都労働経済局『職場のいじめ』参照）。

転職する――キャリアプランを持つ

パワハラが職場ぐるみで行われていたり、ワンマン社長が権力をふるっていて他人が介在できないという会社では、我慢して勤め続けていても展望はありません。今いる会社がパワハラを耐えるに値するところかどうか、よく考えてみましょう。今の会社だけがすべてではありません。会社を辞めるというのも立派な選択肢のひとつです。

パワハラで精神的に追い詰められてしまうのは、この会社にしか居場所がないと思ってしまうからです。ハローワークに行って求人票を眺めてみましょう。どんな求人があり、自分はどんな仕事ができるのか、調べてみればいいのです。世の中にはいろいろな会社があり、さまざまな仕事があることがわかるだけでも、気持ちにゆとりができます。

もちろん今は不況の時代ですから、条件的には厳しい就職先しか見つからないかもしれません。それでも自分の好きな仕事、将来に夢が持てる仕事なら、やりがいをもって頑張れるはずです。

一〇年後の自分を想像してみましょう。イメージできますか？　これから自分はどういうキャリアプランを描いていくのか、これを機会に考えてみましょう。価値観を転換させ、これから自分がやりたいこと、生き生きできる仕事を選ぶことが大切です。

多様な価値を取り込む

人生も仕事もいいときもあれば悪いときもあります。仕事で行きづまったとき、仕事以外に自分の居場所を持っていれば、そこで自信を取り戻すこともできるでしょう。

キャリアプランを描くということは、仕事のことだけを指しているのではありません。人生設計のすべてを含んでいます。

また、どれだけ多様な価値を受けとめることができるかはストレス耐性の高低と関係があると思います。周囲の友人が同じ大学、会社の同期、あるいは同じ職場の人だけなら要注意です。

仕事は生活のための一手段と考え、ボランティアや趣味にエネルギーを注ぐ人もあります。また、最近の若い人の生活スタイルでは奥さんが会社に勤め、ご主人は自宅で執筆活動兼主夫という人たちもいます。

これからは、ますますグローバル化は進み、変革のスピードは速まっていくことでしょう。単一の価値に囲まれていては、その価値が崩壊したとき、ショックを受けやすく、自らも壊れやすいものです。多様な価値を受容できる人になれるかどうかは、一人一人の人生においてひとつの大きなチャレンジなのではないでしょうか。

第7章 どのように対処すればよいのか

まず社会の変化をふまえる

産業構造の変化

いま多くの日本企業が売り上げが伸びずに苦しんでいます。日本を支えてきたほとんどの産業が衰退期に入っているにもかかわらず、それにとって代わる新しいものを生み出せないでいるからです。また、「メイド・イン・ジャパン」としてその品質と精度がもてはやされたものづくりの分野でも、生産技術で他国に追いつかれ、人件費の安いアジア各国と対等に戦えないところまで来ています。かつて栄華を誇った日本の国際競争力は過去のものとなりつつあるといえます。そのため日本企業は成長と拡大のために抱えていた多数の人員をリストラにより削減せざるを得ない状況に陥っています。

一方、国内では第三次産業の占めるウェイトが急速に上昇しています。その背景には、情報関連サービスの需要増大や消費者行動の多様化があげられます。生産部門も顧客志向が顕著になり、商品ライフサイクルの短期間化、品種の多様化、低コスト化が進んでいます。従来のような一品種大量生産ではなく、多品種少量生産に変わっているため、設備投資や機械化よりも現場の知恵を生かした創意工夫が求められる時代になっています。

さらにＩＴ化の進行は業務をスピード化することに成功しましたが、それによって業務処理が従来と質的にまったく異なるものに変化しつつあります。生産部門はもちろんのこと、合理化が難しかった管理部門や企画・営業部門においてもＩＴ技術は必須のものとなり、コンピュータ処理能力がないと日々の業務がこなせなくなっています。一方で、長年にわたって積み上げてきた精緻な事務処理技術も、新人がコンピュータによって短期間で習得してしまうという現象が起きています。

中高年にとっての深刻な悩みは、自らの職業能力の陳腐化であり、それまで築き上げてきたキャリアが無効になってしまうことです。とくにＩＴ化の推進がすべての業務に組み込まれ、まったく新たな業務としてリメイクされることが当たり前となった今日、過去のキャリアでは対処することができず、上司と部下の間で能力の逆転現象さえ起きています。

ほんの数年前までは上司は部下が簡単には追いつけないスキルを持ち、すべての情報を掌握して、職場に君臨していました。しかし、上司としての優位性が保てなくなったいま、部下を黙らせるには実力ではなく、評価というカードをちらつかせるか、職権という力で有無を言わせないようにするしかなくなっています。技術革新と情報化によって優位性を奪われた上司は、逆に部下からパワハラを受けるという状況にすら追い込まれています。

雇用形態の変化

二〇世紀の後半のわが国は、終身雇用、年功序列の独自の人事システムを背景に、世界を驚かせるほどの急激な経済発展を遂げてきました。しかしバブル崩壊とともに、その発展は頓挫し、世界的な競争の中で抜本的な構造改革・規制緩和が叫ばれるようになったのです。この間、賃金水準はアメリカを超えて世界一になりましたが、グローバル競争の激化とデフレ不況の中では、その高い賃金がネックとなり、賃金体系や雇用形態の改変、あるいは大規模なリストラを招いています。

正社員が減少を続けるいっぽう、アウトソーシングが進行し、パートタイマー、派遣労働者、契約社員、在宅勤務などが増加しています。多様な形態での雇用が増え、従来では考えられなかったことですが、ひとつの職場にさまざまな雇用形態の人々が混在するようになり、組織のあり方が複雑化しています。

これまで企業には「男性、正社員、日本人」が組織内での価値をつくりあげ、行動してきました。それらを対象にしたマネジメントをしていればよかったのですが、今は女性、派遣社員、外国人といった人たちが企業の中で活躍しはじめています。正社員の男性を対象にした終身雇用、年功序列型の雇用形態を前提としたマネジメントは、非正社員の比率が高い職場や外部労働力のウエイトが高い職場ではもはや通用しなくなっています。

終身雇用が保証された中では、部長の引越しも家族の運動会も運命共同体として付き合っておいたほうがよい「お仕事」のひとつであったかもしれませんが、一人ひとりが会社の中で生き残りをかけた戦いをしていく時代になぜ、ライバルと私生活まで共にしなければならないのか？　保証がなくなったのになぜ我慢だけしなければならないのか？　そういう疑問が湧いてきても不思議ではないといえます。

また、正社員と比較した場合、パートや派遣社員は給与が低い分、業務内容や労働時間に特徴があります。それぞれが、世代等によって価値観が異なることから、仕事に対する意識や責任感にもばらつきがあります。中高年の管理職がそれを理解せず、正社員と同じようにマネジメントしてしまうと、パワハラを含め、さまざまな問題が生じてくる要因になります。今までのように画一的な考え方では対応しきれなくなってきているのが現状です。

成果主義の導入

雇用に関するさまざまな変化は、従来と異なったシステムを必要としています。そのひとつが個々人の労働の結果を直接金額で評価する成果主義の導入です。もともとわが国にあった能力主義は、人の潜在能力を中心に評価するものでした。しかし成果主義では、人に焦点を当てるのではなく、人が関わった仕事を明確化し、それを評価することによって、給与を支払う仕組みといえます。ほとんどの場合は、個人が設定した目標に対して、どのような実績があがり、どのような成果を生んだかを評価する仕組みになっています。

しかしその成果を誰がどう評価するのか、といった点で上司に強い権力を与えてしまい、パワハラが起きやすい要因をつくってしまった点も否定できません。成果主義は現在の日本企業の職場に大きな変化と緊張感をもたらしています。

成果主義導入の本来の狙いは社員一人ひとりの潜在能力を引き出し、企業に活力を与えようというところにありますが、現実には上がり過ぎた人件費を引き下げるための手段として導入した企業もあります。一方、社員の側も「成果主義だから結果として成果を上げればよい」と考え、目に見える実績を上げることに汲々としていたり、成果主義による処遇への不安でストレスが高じたり、あるいは上司が自分のチームの業績に直結しないことはやりたがらないなど、実際にはさまざまな問題を生んでいます。また、プロセスや努力の度合いは関係なく、結果だけをみればよいとするため、長期的な視点で部下を見守り育てるということもできなくなってきています。そこではギスギスした雰囲気がただよい、職場内の連携も弱くなっていく傾向がみられます。

若者の意識の変化

新入社員として入社してくる若者に特徴的なのは、ストレス耐性の低さです。核家族の中で育った彼らは小さいころから叱られた経験が乏しく、あいまいさや葛藤に対する耐性も低いため、深い人間関係を回避する傾向にあります。恋愛をするにしてもいちいちマニュアルが必要な彼らの恋愛下手はその象徴です。人間関係のストレスに弱いため、ちょっとしたことでキレたり、プッツリと出社して来なくなることもあります。

夢の喪失も大きな問題です。夢があれば、多少のつらいことにも耐えていけますが、目標がないとそうはいきません。昔の新入社員と違って、上司への尊敬の念が薄れていることも今の若者の特徴でしょう。こうした特性を理解した上でマネジメントしないと、よかれと思ってしたことでも相手にとってはパワハラになってしまったり、通常の教育や指導が脅しと受け取られないとも限りません。ストレス耐性の低下とパワハラの感じ方の度合いは比例しているといえます。

深刻な失業問題

一九九〇年代以降、終身雇用と信じられていた大企業で働く中高年の大卒男性の間で急速に雇用不安が広まってきました。社会的にみてエリートと思われてきた人々が、それが通用しない現実に直面しています。エリートの崩壊が始まったといっても過言ではないでしょう。若年層に対しても、新規採用の抑制等を通じて雇用不安が顕在化しており、大企業でさえ必ずしも万全の雇用の場でないという意識は確実に広まりつつあります。

さらに、雇用不安を拡大しているのは、失業の長期化や転職による賃金低下です。企業はコストを削減するため、リストラを断行しています。しかし、中高年男性労働者の再就職は厳しく、失業したままでいる人も少なくありません。彼らは世帯を支える働き手である上、教育費や住宅ローンを抱える年齢でもあるので、リストラに対する恐怖は若い社員の比ではありません。

その結果、部下の成長を考えるより我が身の保身を優先したり、目標を達成するために部下に無理なことを強要したりといったパワハラまがいの行為が行われる下地が生まれます。

またリストラに応じない社員に対する手段として、個々に狙い打ちする形で組織的な排除が行われます。これはいきおいパワハラという形を取りやすく、とくにリストラが経営者によって安易になされがちな中小企業では、社員はトップの言いなりにならざるを得ません。パワハラやセクハラが混じった安手のリストラが横行している会社があとを絶たないのも、雇用問題が深刻になっている経済状況と無関係ではないのです。

運良くリストラされなかったとしても、そこには過重な労働が待ち受けています。仕事の量、質ともに増加するため、できる人への仕事の集中と、それらをこなせない層の二極に分かれる傾向がみられます。従来の企業なら、能力や生産性のばらつきも吸収できるだけのゆとりがありました。しかし、今は生産性が低いと思われる人たちをリストラし、派遣やパートに置き換える企業が増えています。

人件費全体の削減が進行していく過程で、各々の業務成果とその対価を比較するのではなく、単純に正社員とパート労働者、外部雇用者との人件費コストの比較になってしまう傾向があります。このため、個々の人間性の介在があって仕事が達成されるという過程が置き去りにされて、その仕事はいくらの人件費でできるという、人をコストでしかみない価値観が横行し、仕事における人間的側面が軽視され、ますますパワハラを蔓延させる要因となっています。

管理職へのアドバイス

パワハラは人間関係の問題

言うまでもありませんが、パワハラは人間関係の問題です。ガイドラインやマニュアルのとおりにすべてが割り切れるわけではありません。ある言動がパワハラになるかどうかは、そのベースにある人間関係に大きく左右されるでしょう。

また、パワハラはセクハラのように「相手が精神的苦痛を覚えるかどうか」を判断基準にするわけにはいきません。それが業務上正当なものであっても、叱責されたり意見が食いちがえば不快に感じるのは当然だからです。キャリアを高めていくためには、ある程度の苦痛や困難に直面することはむしろ必要なことであるとさえいえます。

このあたりの事情がパワハラ問題を複雑にしているのですが、第1章で述べたパワハラ判断基準の「レッドゾーン」は論外としても、「イエローゾーン」「グレーゾーン」をどう判断するかは、相互の人間関係、言い換えれば「コミュニケーション」のとりかたによるところが大きいのです。ここではこの問題について少し触れておきましょう。

コミュニケーションとは

コミュニケーションの目標は、①相手の認知の構造や感情・行動を変えさせること、②経験や感情、知識、意見を共有することにあるといえます。①の面から職場のコミュニケーションを捉えてみると、「教育によって相手のものの見方や考え方などを変え、仕事上の指示命令によって行動を変えさせること」ということになると思います。

つまりコミュニケーションの目的は「認知や行動の変化」にあります。「遅刻をするな」といくら怒っても、遅刻がなくならないなら、その叱責は意味のない行為となってしまいます。本当に遅刻をさせたくないなら、相手が「なるほどそうだ」と思えるように考え方を変えさせ、行動を変えるように働きかけなければなりません。

次に、コミュニケーションの成り立ちについて考えてみましょう。コミュニケーションは情報を発する自分とそれを受け取る相手がいます。たとえば自分が「それは難しいね」と言ったとします。その情報は自分の価値観や経験などに基づいて出てきたものです。また、その言葉が発せられた声の調子や抑揚といった要素もあります。発信者の姿勢や態度、しぐさも含めて伝わるわけです。さらには、その相手も自分の過去の経験や価値観、今の状況を背景にして受け取るので、「それは難しいね」という言葉の解釈はいろいろと分かれてくることとなります。

価値観がひとつしかない社会では全員がほとんど同じように情報を受け取ることができますが、背景が違えば解釈は違ってきます。役人が「難しい」と言えば「それはできない」という意味かもしれませんし、ベンチャー企業の経営者はワクワクしてその課題にチャレンジしようとするかもしれません。つまり、情報は言葉の内容だけでなく、言葉以外の表現手段を使って伝えられ、しかもそれぞれが持つ価値観や背景によって伝わり方が違ってしまいます。同じ行為をある人はパワハラと受け取り、ある人は適正な指導と受け取るのもこうした違いから生まれます。つまり少なくとも、コミュニケーションをとることは基本的には難しいものだ、という前提の下に行うことが大切なのです。

自分自身を知る

コミュニケーションを円滑に行うためには、自分が何を考え、どうしたいのか、まずは自分自身を知る必要があります。また他人からどう受け止められているかということについても認識しておくことが大切です。どうしたら、自分を知ることができるのでしょうか。

隠されたメッセージ＝本音はどうしたいのか

繰り返しになりますが、私たちはパワハラの定義を「職権などのパワーを背景にして、本来の業務の範疇を超えて、継続的に、人格と尊厳を傷つける言動を行い、就労者の働く環境を悪化させる、あるいは雇用不安を与えること」とし、あえて「加害者の意図」には触れませんでした。しかし当初、それが大きな議論となったことがあります。論点は「パワハラをする人には意図があるのではないか」ということでした。相談を受けていると、あきらかに意図的に痛めつけているとしか思えないようなケースが多かったからです。

しかしその意図を本人が自覚しているかというと、そうでもないケースが多いようです。教育という名の下で自分のうっぷんを晴らしていたり、明確な指示をしないままに仕事を与え、失敗すると無能の烙印を押したりするとき、加害者は自分自身の隠れた意図に気づかずに行っているケースが多いのです。同じ言葉を使っているのにパワハラになるのかそうでないのかは、この隠された意図があるかないかで決まってくる部分があります。受け手の印象が違ってくるからです。

あなたは部下に対して「あいつはどうも虫が好かない」「俺の言うことを黙って聞

いていればいいんだ」「いちいち、たてつく面倒なやつだ」「どうして俺のところには出来の悪いやつばかり集まるんだ」「あいつはどうも自分にとって脅威になりそうだ」という気持ちを持っていないでしょうか。「いやそんなことはまったく思ってもいない」という人がいたら、その人は嘘つきか、本当の自分に気づいていないのか、非の打ちどころがない聖人君子かのいずれかでしょう。

誰にでも「あいつは嫌いだ」と思う人はいます。その気持ちが人によって強かったり弱かったり、あるいはときどきそう感じたりするだけで、いつでも誰にでも愛情深く、公平に関われるわけではありません。自分にそういう本音があることを知っておくことが重要です。あいつは嫌いだという本音があるにもかかわらず、そう思っていないフリをして、教育の名の下に叱責を繰り返せば、相手にパワハラと受け取られる可能性が高くなります。嫌いな人がいる場合は、その原因を探って、自分の認知を変えるか、コミュニケーションのルートや方法を変えるといった方策を考えたほうが建設的です。

なぜ虫が好かないのか

どういうわけかある社員に対して理由もなく虫が好かなかったり、ムカムカすることがあります。同じことを言っても、他の人なら腹がたたないのに、あいつだけは許せない……そんな経験はないでしょうか？　それは潜在意識のしわざです。私たちは過去の経験を感情とともに記憶の中にとどめています。親や教師から受けた腹立たしい仕打ち、哀しかったこと、つらかったことなど……。時が過ぎ、日常生活を送っているうちにその記憶は潜在意識の奥底に沈められていきます。

しかしなにかの拍子に、たとえば嫌な教師に似た人に出会ったとき、かつて抱いた感情が再び浮かび上がってくるのです。そのきっかけは、ちょっとしたしぐさや声の調子など、自分でも気づかない些細なことかもしれません。しかし、あなたの心はその忌まわしい経験を排除しようとして目の前にいる似た人を攻撃してしまいます。これを心理学では「投影」といっています。そのような過去の経験が、この好き嫌いの感情に影響している可能性は高いのです。

なぜ虫が好かないのか。その理由に思い当たったら、「今そこにいる部下はあのときの教師ではない」ということを自分に言い聞かせてみましょう。そしてその教師とは違うところを具体的に挙げてみるのです。背の高さ、髪の毛、笑い方、怒り方、考え方、性格……当然ですが、違う点のほうが多いはずです。そしてムカムカと腹がたったときは、「あのときの教師とは違う人だ」と改めて自分に言い聞かせることが大切です。

虫が好かないもうひとつの理由として考えられるのは、「元気でいたい、明るい人でありたい、やさしくありたい、聡明でありたい」といったあなたの願望です。それがその反対の「元気がなく、暗く、厳しく、聡明でない人」を排除したくなる気持ちを呼び起こすのです。これは相手に対してだけでなく、自分自身に対しても当てはまります。暗い性格の自分が嫌いで、失敗する自分が許せないために常に完璧を目指してがんばってしまう……しかし、いつでもどこでも明るく、聡明でいられる人がいるでしょうか？　失敗をしたことがない人など存在するでしょうか？

この世の中に完璧な人間はいません。それを目指せば、自分が苦しくなり、できない自分を非難する結果になるだけです。そして自分ばかりでなく、完璧でない部下や明るくない子供をなんとか変えてやろうと躍起になってしまいます。人を育てる原点はその人をあるがままに認めることです。「今とは違うあなたになりなさい」というメッセージは、とても相手にすんなりと受け入れられるものではありません。ましてやそれが、あなた自身の自分に対する要求の肩代わりであればなおさらです。

自分が自分にいつのまにか言い聞かせてしまっている呪文は何か？　それを知るためには日頃から「〜すべきだ」「〜すべきでない」と考えていることをチェックしてみるとわかりやすいでしょう。

自分の持っているパワーを知る

「私は部下にバカヤローなどと言ったことはない」というA氏。「俺は挨拶代わりにバカヤローと言っている」というB氏。A氏はパワハラ上司ではなく、B氏はパワハラ上司だと言えるのでしょうか？　答えはNOです。なぜでしょうか。ここで再度、コミュニケーションについて考えてみることにしましょう。

発信された情報は発信者の言葉そのものだけでなく、声の抑揚、高低、間、ジェスチャー、姿勢、態度を通して伝えられます。それが対面の場合もあれば電話、eメール、手紙、ビデオなどによることもあります。大事なことは、発信者の置かれた立場や状況、それまでの関係を背景にしてメッセージが送られるということです。そして、発信者のメッセージはいくつもの表現方法を通して伝えられます。受信者もまた、自分の置かれた状況と今までの経験をベースにしてそのメッセージを受け取ることとなります。ですから、自分と相手との間にはどういう力関係があるのかをハッキリと認識しておく必要があります。

とくに職場では、同じ言葉でも立場の違いでその意味内容に大きな違いが生じてきます。仲間といっしょに小さな会社を興したベンチャー経営者は、今でも創業当時の仲間とは言葉を選ばすに徹底的に議論し、自分の意見を主張するといいます。しかし創業後あらたに加わった社員にとって、社長である彼は仲間ではありません。社長が創業時の仲間に対するのと同じように、後から入った社員に向かって歯に衣着せず意見すれば、相手は衝撃を受けてしまうでしょう。

このように立場によって、同じ言葉でも意味合いは違ってきます。「それで、結果は？」と同僚に聞かれるのと、社長に聞かれるのではまったく意味合いが違うのをみれば明らかでしょう。たとえ上司に悪意がなくても、「そろそろ評価の時期だけどな」と前置きしてからの指示命令は、部下にとってはいつものそれより重く受け止めらることでしょう。上司は自分のポジションの持つパワーを知った上で発言することが大切です。決して自分が人間として偉大だから部下が言うことを聞くのではなく、そういう職位にあるからだということを、忘れないようにしたいものです。親会社から子会社に出向した人が自らのパワーを取り違えて、急に偉くなったつもりで、なんの戦略もなく自分の思いのままに今までのやり方を変えたり、接待費を私利私欲のために使っているというケースもよく報告されています。逆に、部下が苦しいとき、悩んでいるとき、上司のちょっとした一言が大きな支えとなることもあります。影響力を踏まえた上で発言を行うことは管理職として重要なスキルなのです。

発言の影響力を踏まえるということは、部下がどういう人間性を持っているかを理解することでもあります。組織には多様な人材がおり、同じ指導のしかたをしても、ある人にはパワハラと受け取られ、ある人には好ましい配慮として喜ばれる、ということがありえます。部下のタイプに応じて接し方を工夫する必要があるのです。

126ページの図で、パワハラへの反応をタイプ別に説明しました。これを参考に、部下への望ましい接し方を考えてみてはいかがでしょうか。たとえば、次のように。

——〈非主張・自立〉タイプには、常に新しい魅力的な仕事を与え、モチベーションを維持させる。

——〈非主張・依存〉タイプには、自信を持たせるためにこまめに業績を評価してやり、長期的には、会社がすべてではない人生設計をするよう導いていく。

——〈主張・依存〉タイプには、小さな仕事でも本人の責任で完結させるなど、徐々に権限を与えていき、強制的ではなく自発的に仕事を進めているという意識を持たせるようにする。

——〈主張・自立〉タイプには、まずは相手の言い分を冷静によく聞き、問題を隠蔽《いんぺい》しないよう配慮する。

また、むやみに感情的になるのを防ぐには、ふだんから労働契約についての基本的

労働契約上の労働者の義務（安西愈『人事の法律常識』日経文庫より）

1. 労働義務
2. 業務命令に従う義務
3. 職場秩序を守る義務
4. 職務専念義務
5. 信頼関係を損なわない忠実義務
6. 誠実な業務遂行義務
7. 職場の人間関係配慮（セクハラ禁止）義務
8. 業務の促進を図る義務
9. 会社の名誉・信用を守る義務
10. 兼業禁止義務
11. 企業秘密を守る義務
12. 協力義務
13. 使用者の配慮義務
    - a 教育指導義務
    - b 安全配慮義務
    - c 適正労働条件確保義務
    - d セクシュアル・ハラスメント対策

な知識（表参照）や就業規則に書かれていることを十分に理解し、部下にも周知徹底しておくことが有効です。業務上必要な叱責をする場合にも、冷静かつ毅然とした態度で行うことができるでしょう。

態度や声の調子など言葉以外の表現についても、その功罪をきちんと理解して、気を配る必要があります。眉間にしわを寄せ、不機嫌な表情で、相手の目を見ることもなく「この件について君の責任はない。不問とする」と言われても本当にそう受け取れるでしょうか？　あるいは小さな声でおどおどしながら部下に注意をしたとしても、その効果は期待できるでしょうか？
パワハラ加害者のタイプでよくあるのが、大声で怒鳴りまくる人です。大声を出すことが相手やその周りの人にどういう影響を与えているのか、よく考えてみましょう。同じオフィスで仕事をしている限り、大声を出さなくては聞こえない距離ではないでしょう。熱血上司やタフな男ばかりを演じ続けるのをやめて、状況に応じて臨機応変に効果的な表現ができる管理職に変身してほしいものです。

役者になったつもりで、同じ言葉をニュアンスを変えて表現する訓練をしてみてください。違いが表現できますか？
言葉の例「ありがとう」「わかった」
・早口で ⇕ ゆったりと
・厳しく ⇕ やさしく
・大きな声で ⇕ 小さな声で
・はっきりと ⇕ 不明瞭に
・迷惑そうに ⇕ ありがたそうに

以心伝心はありえない

ある会社の管理職約四〇〇人を対象にした講演会でお話しする機会がありました。愕然としたのは、日本を代表する企業でありながら、その席に女性が一人もいなかったことです。経営方針としては「世界」を目指しているのでしょうが、意識のグローバル化は遠いとつくづく感じました。

このようにある特別な共通属性（日本人、男性、正社員）を持つ人たちが、同じ目標を持ち、同じ価値を共有してきたのが今までの日本の企業でした。そこではお互いの状況を詳しく説明したり、細かく配慮しなくても考え方や意思は伝わります。「日本人、男性、正社員が考えることが、すなわち常識」という意識の中では、以心伝心が可能だったのです。

しかし、今の職場では女性、外国人、派遣社員など、性別、国籍、年齢、就業形態もさまざまな人たちが仕事をするようになっています。今までは当たり前だと思っていたことも、もはや当たり前ではないかもしれません。ある五〇代の知り合いの話ですが、大学時代の仲間六人と会う機会があったとき、六人中五人までが離婚を経験しているか、独身のままだったというのです。唯一結婚を継続している彼が「自分は普通の人生を送っているが、みんな普通ではない」と言ったことで大もめにもめたそうです。

六人中一人だけのライフスタイルが普通で、あとの五人は普通ではないという考えがおかしいというのがメインテーマでした。たぶん二〇年前は、結婚していることが普通だったのかもしれません。しかし今はバツイチもシングルも決して珍しい生き方ではありません。

誰もが同じ価値観を持ち、同じ夢を見て、同じように働き、同じよう生きてきた時代は終わりました。時代は動いています。私たちはもう一度、「普通」「常識」と考えていることを見直したほうがいいのかもしれません。

今の時代、以心伝心はありえません。逆に言わなくてもわかってしまうのが、相手に対する悪意や敵意です。もし、部下の誰かに悪感情を抱いているなら、その原因を究明してください。それに向き合わない限り、事態は悪い方向に進むいっぽうでしょう。コミュニケーションは相互作用ですから、悪意を持てば相手もあなたに悪意を感じ、お互いに悪意がエスカレートするばかりです。

そして、管理職の責任の重大さは、あなた自身が持っている感情が特定の誰かに対してだけでなく、組織全体に反映されてしまうところにあります。あなたが何かにつけて神経質でピリピリしていれば、みな仕事どころかあなたの気持ちを推し量るために全エネルギーを注ぐようになるでしょう。

繰り返し述べてきたとおり、パワハラの訴えの中でよくみられる上司像は、感情を爆発させるタイプです。部下たちはそれが怖くて誰も何も言えず、ビクビクして仕事をしています。そこまでひどくないとしても、部下がいっさい反論してこなかったり、失敗を隠したがったり、目を合わせない、あるいはあなたの顔色をうかがうようなことがあったら要注意です。

自分では気づかずにパワハラをしているケースは想像以上に多いものです。自分自身の考え方や行動スタイルを見直すことによって、パワハラといわれないマネジメントが可能になるのではないでしょうか。

魅力的な上司になる

研修でよく、「あなたと会社の関係を二つの円で表現してみてください」という課題を出します。すると面白い結果が出てきます。会社という大きな円を描き、その中に小さな自分という円を描く人、大きな会社の円の隅のほうに少しだけはみ出した小さな円を書く人などいろいろですが、対等な大きさや自分の円のほうを大きく書く人は意外に少ないのです。これは無意識に感じていることを投影しているのではないかと思われます。

しかし、これからの時代は会社と自分を対等な円で表現できるような人材が求められているはずです。そうした人材を獲得し、存分に能力を発揮してもらうには、これまでのように社員の人生をまるごと買い取り、その見返りに忠誠を誓わせるような経営方法はもはや時代遅れとなりました。組織と個人の新しい関係性を模索していくことが求められており、組織の戦略を現場で実践してゆく、管理職一人ひとりの人間としての魅力が問われる時代になってきているといえます。

そのためには、管理職自身も自らの生き方やキャリアプランを見直し、仕事人としてのみならず、人として魅力的であるためにはどうしたらいいか、それを考えることが必要なのではないでしょうか。自分自身の心の充実や安定のためにも……。会社のためでなく自分のために、定年後の人生を豊かにするためにも今から考えておくべき重要なテーマだと思います。

企業へのアドバイス

パワハラという言葉が世に出たのは二〇〇一年、あちこちで話題になったのは二〇〇三年のことです。パワハラが増えたと言われますが、現実には言葉ができたからパワハラが増えたのではなく、パワハラという言葉によって今起きている状態が説明できたに過ぎません。

セクハラも、過去に存在しなかったわけではなく、セクハラという言葉の意味を知ることによって理解が進んで相談も増えたのです。その結果、会社では社員の言動に配慮するようになり、女性にとってずいぶん働きやすい環境が生まれています。

現状ではまだ、「パワハラが問題であることはわかっているが、どう対処したらよいかわからない」という企業が多いと思われます。そこで今後社内で議論をしていただくための糸口として、いくつかのポイントをあげてみることにします。

どのように位置づければよいのか

パワハラを扱う社内的な組織としては人権啓発室、人事部門、健康管理センター、経営企画部門、労働組合執行部などが考えられます。また、どこで扱うかによって問題のとらえ方に微妙な違いがみられます。企業の現実に即し、可能なところからパワハラに対応できる機関をつくりあげていくことが重要です。

❶人権啓発室

同和問題をはじめとする差別の問題に取り組んできた組織で、セクハラ問題の相談や教育に携わっていることもあり、もっとも取り組みやすい部署でしょう。現実に人権相談やセクハラ相談にパワハラの問題が入ってくるという話もよく聞きます。そしてこの問題では被害者の保護が重要な課題となりますが、基本的に人権問題について勉強したスタッフが多く、安心して任せることができるでしょう。

ただ課題はこの部門の担当者に人事部門や経営陣への影響力をどう持たせるかという点にあります。人権問題と経営問題は別問題として捉えているうちは、抜本的解決は難しいでしょう。問題が発覚すると都合が悪いと思った上層部にもみ消されたり、被害者を保護できずかえって不利になるなどの問題が生じたという話も聞きます。

❷健康管理センター

ここ数年メンタルヘルス問題が企業の中でクローズアップされています。実際私たちが企業から請け負って行っているメンタルヘルス相談でも、毎年相談件数は増える傾向にあります。パワハラの結果、精神の健康を害してしまった例はたくさんあります。結果の対処ばかりでなく、原因を探っていこうという動きもあらわれてきました。

しかしながら一般的に医師やカウンセラーの方々は個人に焦点を合わせて問題を捉える傾向が強く、その組織的背景まで追及することはまれです。うつ病で休職をしたが、復帰がどうもうまくいかない、同じ職場から相次いで病人が出るなどという事態は、個人のサポートだけでは問題の解決が難しいことを示唆しています。

現場ではたえず新しい問題が発生しており、専門領域を超えて深く研究しないと実際に対応できない事例も少なくありません。そこで産業医、カウンセラー、人事担当を入れて、メンタルヘルスの立場からも現場をサポートすることがますます重要になっています。健康を心身の健康から社会的な健康にまで拡大して、社内の啓発活動などを展開していくことが今後重要になるでしょう。

また危機的状況に対して私たちは、〈ヒューマン・クライシス・サポート・プログラム〉を提案しています。部門内で被害者が出たときに、その組織に介入し、関係する社員のメンタルケアを行うプログラムです。とくに同僚や部下を突然失った場合、関係者は「自分が何とかしてあげられなかったのか」といった罪悪感にさいなまれ、悲嘆にくれます。それらをケアしない限り問題は再発し、社員の意欲は低下するばかりです。危機対応と予防の両面からのプログラム導入が望まれます。

❸経営企画部門

最近は経営企画部門からの問いあわせも相次いでいます。今はコンプライアンス（法令遵守）の強化に取り組む企業が増えています。すでに行動基準ガイドラインを作成したり、社内に窓口を設けたりしているところもあります。最近の動きとしては、社内では気軽に相談できないので、社外に窓口を置き、そこでパワハラ的な問題も扱っていこうという企業も出はじめています。私たちに相談業務を委託しているある企業は、「労務上の不満でもなんでも受け付けてください。問題はそうした組織への不満から発生しますので」と言って、相談内容に制限をつけていません。

事実私たちに寄せられるパワハラ相談には労働基準法違反のものや営業上の不法行為も数多くみられます。現場の社員にとっては何が違法で、何が合法なのかよくわからないこともあると思いますが、「上司から強制的にやらされていることがあるが、どうも変だ」あるいは「サービス残業を無理矢理させられている」ということなら、自分の感覚で判断することができます。

会社全体の方針としてコンプライアンス強化に取り組んでいけば、こうした情報がより入りやすくなるでしょうし、仮に違法行為はないにしても不平不満を吸収でき、風通しはよくなると思われます。

❹労働組合

労働組合の果たす役割がわかりにくくなり、結束が弱まっているといわれて久しくなっています。最近の組合は経営側と対立する構造から協調する構造に変わってきています。私たちは新事業のコンサルティング業務も行っていますが、ある組合から「若手を集めて新事業を創り出していきたいので勉強会をしたい」という依頼を受けたことがあります。新事業開発というテーマは本来、組合ではなく会社のほうが検討するべき課題ですが、「そのうち辞めていく中高年の人たちには会社を任せられない、だから将来の柱となる事業を自分たちで考えて創っていくのだ」とおっしゃっていました。

このように、経営側と組合の行うことの線引きが難しくなり、協調して取り組むことが多くなっています。双方ともパワハラを問題として認識しており、力をあわせて解決しなければならないと考えている場合も少なくありません。今後労働組合の重要なあり方として、パワハラも含め、組合員の個別のニーズにどれだけ応えていけるのかといった点が問われてくるのではないでしょうか。

体制をどうつくるか

どこでどういう要素を軸としてパワハラ問題を扱うかは、それぞれの組織の事情があるでしょう。各組織において、問題の重要性と緊急度によって、あるいは既存のリソースをどう活用できるかによって、体制のつくり方は違ってくると思われます。しかしながら、相談窓口を設けたが、相談に対して何も対応しなかったり、かえって問題が悪化するのでは意味がありません。研修をしても何がパワハラかわからなかった、なぜ取り組むのかよくわからない、というのでは何のための取り組みかわかりません。実質のともなった、しっかりした体制づくりが望まれます。

明確な方針の提示

会社は、「断固パワハラを阻止し、どんな立場の人であっても問題を起こしたら懲戒処分を行う」などの明確な方針を打ち出す必要があります。会社全体の戦略や方針との一貫性がないと、対策はたんなるお題目になってしまいます。企業はパワハラによって起こりうる会社のリスクをはっきりさせると同時に、グローバルカンパニーとして、企業の社会的責任として人権問題に対する姿勢を浮き彫りにするべきです。

また、定期的なメンタルヘルス調査や意識調査に加えてパワハラ調査を行い、どの部門でパワハラが起きやすいのか、前回から改善されたのか、などの分析結果を管理職にフィードバックし、管理職個人の評価と連動させて、防止対策へ動機づけするのもよいのではないでしょうか。

体制づくりの要点

中小企業のワンマン社長のように絶対的なパワーを持つ人がパワハラを行うと、誰も手が付けられません。そのような立場にある人は自らを常に戒める必要があるでしょう。外部のアドバイザーなどを置くことも会社の発展のためには有益でしょう。また、懲戒委員会のようなものをつくる場合は社長や管理職自らが関わる必要があります。また内部だけでは反対意見も出にくい場合があるので、外部の専門家をメンバーに加えるのもひとつの方法です。

その下に相談窓口や調査スタッフが必要となりますが、この問題は領域が広いので、チームで対応するのが望ましいでしょう。ハラスメントを受けて心身に異常をきたし、自殺まで考えるほど追い詰められている人には、その環境からいち早く非難させることが大切です。その場合、産業医が診断書を出して休養をすすめたり、そこまで緊急ではなくても心のケアが必要な場合は、カウンセラーが対応します。

また、個人の心のケアにとどまらず、組織的に問題解決を図るためには、事実関係の把握が重要となります。そのための人材も必要です。カウンセラーには心理的な側面に焦点を合わせてもらい、事実関係を正確に把握するためには、経営的な視点や労務管理的な視点も持った人が担当するとよいでしょう。

相談窓口は社内と社外の二つのルートを持つことが理想です。ある会社で行ったアンケートによると、社内相談窓口は信用できないから相談しない、という回答が五割を超えていました。会社の相談窓口に相談したら、それが漏れてかえってひどい状況になったという例も聞きます。そのため匿名でも安心して相談できる電話窓口や社内に発信者のアドレスが知られないｅメールの仕組みづくりが重要です。

予防のための啓発活動

パワハラが起きたらどうするかという対応の仕組みができたら、問題を起こさないためにはどうするかという予防的な啓発活動が必要となります。セクハラについては防止のためのガイドラインを配付したり、講演会を行ったり、ビデオ研修やｅラーニングを実施している会社もあります。セクハラは行政の指導もあり、ある程度共通のガイドラインができています。

しかしパワハラには今のところ明確な基準がありません。そのため一方的な講演会を行うだけでは、参加者は「では、いったいどうしたらいいの」と消化不良を起こしかねません。私たちが行っている研修では、実際にケースを用いて、自社のマネジメントの問題として捉えていただいています。このケースは何が問題か、部下に対して行っている言動に問題があるとしたらどういうところか、パワハラに近い厳しい注意や困難な仕事を与える意味は何かといったことについて管理職同士で納得がいくまで議論しています。

また、叱ることのできない管理職が増えていますが、何がパワハラで何がパワハラではないのか、叱り方の限度を教えることも大切です。今までなんとなく強く言えなかった管理職にも、仕事として叱ってもいいのだということをきちんと理解させることによって、逆にパワハラを防ぐことができます。いっぽう一般社員には、なんでもかんでもパワハラだと訴え、上司や会社のせいにする前に、どうしたらよりよい働き方ができるのかを考えてもらうきっかけを作るようにすべきでしょう。

社外システムの活用

組織の問題をいち早く発見し、対応することを目的に、社外システムを活用する方法もあります。たとえば、外部相談機関による電話相談を実施して心の問題のリサーチを行うことで早期の対応が可能となります。また、ヒアリングやコンサルティングによって、部門長のメンタルヘルスへの関心を高めることもできます。

新しいマネジメント・スタイルへ

急激な産業構造の変化によって競争のあり方が変化し、仕事の進め方そのものが変わり、それが組織や制度にも変化をもたらしました。その結果職場でどういうことが起きているのかについて、パワハラの実態をとおして見てきました。では、これから職場はどうなっていくのか、そして、どういった経営スタイルが望ましいのか――それを考えるヒントを私たちなりに提供しておきたいと思います。

不確実性への対応――過去の知識に頼らない

これからの企業間競争を勝ち抜いていくためには、常に新たな技術、新たなソリューションが求められていくことでしょう。それは仕事を進めていくうえで確実なやり方や正しい答えが用意されていないということであり、さまざまな不確実性に対応していかなければならないことを意味しています。失敗しながらも新たに最適な方法を見出していくような姿勢が必要とされているのです。

早稲田大学の大江建教授はその著書『なぜ新規事業は成功しないのか』(日本経済新聞社)で、こうした不確実性が高い時代には教科書や人から得た過去の知識、また過去の経験から、何が正しいかを判断するのではなく、仮説を立ててそれを検証していくプロセスが重要だと述べています。今後はこのように、「今までの蓄積された知識に頼ったマネジメント」から「仮説のマネジメント」へと仕事の進め方が大きく変わっていき、またそれと並行して、「教える・指示するマネジメント」から「社員の能力を引き出し、目標に向かって誘導するマネジメント」へと変わっていくことが予想されます。

スピードアップと職場の緊張度

インターネットやeメール、携帯電話の普及は時間と空間を大幅に縮め、便利さを私たちに与えてくれました。もはや後戻りはできないことでしょう。時間が短縮されたということは、ビジネスにおけるスピード感が増したということでもあります。投資家は二四時間世界のマーケットをにらみながら一瞬のチャンスに息を凝らし、開発事業も二四時間世界中でリレーしながら行うなど、スピードが競争力の大きなファクターになっています。

私たちの身体はスピードを感じれば感じるほど緊張するようにできています。情報化によるビジネスのスピードアップによって、私たちの意識は常に緊張を強いられるようになりました。本来、人は交感神経系を働かせることによって身体を緊張させて戦う状態を作るときと、副交感神経系を働かせてリラックスするときとで、そのバランスを保って生きています。しかし、これからの時代は意識してリラックスしようとしなければ、常に緊張状態を強いられイライラが高じ、心身への悪影響をこうむることとなります。職場の緊張度をいかにバランスよく維持し、どのように社員の健康を保つか——それが管理職の大きな仕事の一つとなってくることでしょう。

ボーダレス化を糧にする

企業のグローバル化はそこで働く人の属性が多様化していくことを意味しています。人種・宗教・国籍といった面での構成員のボーダレス化はさらに進むことでしょう。

また、今まで当然のように思われていた男女の役割分業は変わりつつあり、さまざまなライフスタイルを選択する男女が増えています。さらには、自宅やリゾート地で仕事をする、会社の託児所に子供を預けつつ仕事をするといった働き方も珍しくなくなってきています。趣味が高じてビジネスを始める、アイディアコンテストに応募して社長になるなど、仕事と遊びの境目があいまいになってきている一面もあります。

こうしたさまざまな価値観が共存するボーダレスの時代に、従来の「男は～すべき」「日本人は～であるべき」といったステレオタイプな固定化した考え方をしていては、人々をまとめることはできません。ちなみに日経連（現・日本経団連）は、多様な人材を活かそうとする「ダイバーシティ・マネジメント」という考え方を重視し、「従来の企業内や社会におけるスタンダードにとらわれず、多様な属性（性別、年齢、国籍など）や価値・発想をとり入れることで、ビジネス環境の変化に迅速かつ柔軟に対応し、企業の成長と個人のしあわせにつなげようとする戦略」を提唱しています。

個人起業が進めば……

経済産業省は多額な予算を投じ、創業支援を行っています。また一円でも会社を設立できるように法改正も行われ、個人起業に追い風が吹いています（中小企業挑戦支援法）。また、少子高齢化によって年金制度が崩壊すると言われ、年金の企業負担分も増えてくることが予想されています。その結果、企業が正社員はおろかパートやアルバイトなどの雇用も減らしていく可能性があります。企業の立場からすれば、雇用契約ではなく個人に独立してもらって会社対会社のビジネスとしての契約を結んだほうがリスクが少ないと考えるのが当然といえましょう。

このようにして自立した個人が作る小さな会社が増加したとき、企業の管理職は、職場全体を管理したり社員を教育したりする従来の立場から、仕事の調整をして個々の労務契約から最大限の価値を引き出すコーディネーター的な立場へと役割を変えていくことになると思われます。

権力から魅力へ

すでに触れたように力（パワー）にもいろいろなものがありますが、職権とは組織からその業務を遂行するために与えられたものであり、自分自身が本来持っている力と混同してはならないものです。たとえば「俺の酒が飲めないのか」「俺が言えば業者のほうはなんとでもなる」といった発言が出るのは、そこのところを誤解しているからだと思われます。

与えられた力を過信していると、いつか肩書きのない一人の人間となったとき、惨めな思いをすることになるでしょう。仕事において実力がある、リーダーとして影響力がある……こうした力がどこから来ているのか。一つの会社での終身雇用が保証されなくなった今だからこそ、改めて自分本来の力を査定してみる必要がありそうです。そして、組織を離れてからの人生も長くなったのですから、自分は人として魅力的かどうかということを、真剣に考えてみてはいかがでしょうか。

ベンチャー企業の社長には、人として実に個性的で魅力的な方がたくさんいますが、そういう社長の下にはたとえ仕事がきつくても人材は集まってきます。また、自分自身の生き方を追求し、欲しいものを得るために貪欲に動き回る、パワフルでとても魅力的な女性たちもよく目にします。「パワハラとは何か」を考えるとき、そもそもパワーとは何か、そして自分の真の魅力は何かということについてぜひ考えてみてください。人として魅力的であること、これが次世代のマネジャーの必須条件であると思います。

あとがき

本書の生まれた経緯について、少し触れておきましょう。

パワー・ハラスメントと同じような領域をカバーする言葉に「モラル・ハラスメント」があります。この言葉を使って実態を分析した本が二冊、本書の出版元である紀伊國屋書店から刊行されています（マリー＝フランス・イルゴイエンヌ『モラル・ハラスメント――人を傷つけずにはいられない』『モラル・ハラスメントが人も会社もダメにする』）。フランスの精神科医が書いた本の翻訳ですが、フランスでは出版をきっかけに社会問題として爆発的に認知され、いまでは職場におけるモラル・ハラスメントを禁止する法律までできています。日本でこの問題を考えていく際にも有用なことが多く盛り込まれており、私たちも頻繁に参照していました。

これら二冊の本は一般読者のあいだでも大きな反響を呼んだようです。あまりにも問い合わせが多いので紀伊國屋書店の編集担当者が専門家を探していたところ、私たちの活動をお知りになり、以後何度か意見交換をしているうちに、「言葉の主導権をめぐって不毛な争いをするよりも同じ方向性をもつものとして協力していきましょう」ということになったのです。

本書は私たちにとって、三冊目の本になります。

一冊目の『許すな！　パワー・ハラスメント』（飛鳥新社）は、主にパワハラされる側の、比較的若い層を読者として念頭において、彼らへのアドバイスのつもりで書きました。二冊目の『管理職のためのパワーハラスメント論』（梅津祐良氏との共著、実業之日本社）は、人材育成や人事管理といった側面に主眼をおいたマネジメント論です。

三冊目の本書は、「まえがき」に書いたような事情も踏まえて、あまり読者層を限定的にとらえない、網羅的な基本書を目指しました。ですから、すでになんらかの形でパワハラに関わっている人はもちろんのこと、社会問題としてのパワハラをトータルに俯瞰したい読者や、いまのところ周囲にそうした問題はないが、働くうえでの基礎知識として一通り知っておきたいという読者にも有益な本となっていると思います。

最後にタイトルについて。

「上司と部下の深いみぞ」とありますが、その「みぞ」を是が非でも埋めなさいというメッセージを込めているわけではありません。上司と部下のあいだに「みぞ」があるのは、ある意味当たり前の話です。それを、私生活も人格もすべて懸けて埋めろというのが旧態依然のやり方、これはむしろパワハラの温床です。しかし、「仕事上の」という限定された関係性においても越えられないほど深い「みぞ」であったとしたら、仕事がうまく回っていくわけがありません。ここにもまた、パワハラが忍び込む余地が生まれます。このご時世、臨機応変に「みぞ」を飛び越えていく「知恵」が求められているといえるでしょう。

本書が深すぎる「みぞ」のない、活気ある職場づくりに少しでも役立つことを、そしてパワハラのない人間関係を目指すような姿勢が、社会全体に「常識」として浸透する日が早く来ることを願ってやみません。

二〇〇四年二月

著者を代表して　岡田康子

相談窓口案内

※各ホームページにて詳細を確認したうえでご相談ください（URLは変更されることがあります)。

●厚生労働省「総合労働相談コーナー」

労働問題に関するあらゆる分野の相談を専門の相談員が、面談あるいは電話で受けている。無料。

http://www.mhlw.go.jp/general/seido/chihou/kaiketu/soudan.html

●（社）全国労働基準関係団体連合会「労働時間等相談センター」

全国主要都市にセンターを開設。労働条件の専門家や法律の専門家が相談に応じている。無料。

http://www.zenkiren.com/center/top.html

●TOKYOはたらくネット「労働相談あんな制度こんな制度」

東京都が行っている労働相談のさまざまな制度を紹介。

http://www.hataraku.metro.tokyo.jp/

●弁護士会

各地の弁護士会が相談窓口を設けている。

http://www.nichibenren.or.jp/jp/hp/houritu/soudan/index.htm

●日本司法支援センター「法テラス」

無料相談窓口や裁判費用立て替え等の制度を紹介。

http://www.houterasu.or.jp/

●日本労働弁護団「労働問題ホットライン」

労働問題にくわしい弁護士による無料電話相談。

http://homepage1.nifty.com/rouben/

●東京都社会保険労務士会
社会保険労務士が電話や面接で相談に応じている。
https://www.tokyosr.jp/index.shtml

●労災病院
東京労災病院「勤労者 心の電話相談」では、無料で専門のカウンセラーが対応している。全国の労災病院でも窓口を設けているところがある。
東京：http://www.tokyoh-yobou.com/menu-kokoro.html
全国：http://www.rofuku.go.jp/rosaibyoin/index.html

●（財）労災保険情報センター（RIC）
具体的な労災事例や手続き方法などについて、相談に応じている。
http://www.rousai-ric.or.jp/mail/index.html

●「過労死110番」全国ネットワーク
業務上の過労やストレスが原因で発病し、死亡したり、重度の障害を負った場合について、労災の補償の相談を行なっている。
http://karoshi.jp/

●精神保健福祉センター
全国の精神保健福祉センターでは、メンタルヘルス全般に関する相談を受け付けている。

編著者

岡田　康子（おかだ　やすこ）

株式会社クオレ・シー・キューブ代表取締役。厚生労働省「職場のいじめ・嫌がらせ問題に関する円卓会議」メンバー。中央大学文学部哲学科社会学専攻卒業後、社会福祉法人武蔵野ユートピア、社会産業教育研究所を経て、1990年に東京中小企業投資育成株式会社の新規投資第1号として「メンタルヘルスの支援サービスと各種調査会社」株式会社クオレ・シー・キューブを設立。パワー・ハラスメント専門の相談窓口「パワハラほっとライン」を主宰し、その実態調査にも力を入れている。2001年早稲田大学大学院アジア太平洋研究科修士課程修了（MBA）。著書に、『許すな！　パワー・ハラスメント』（飛鳥新社）、『管理職のためのパワーハラスメント論』（共著、実業之日本社）、『上司殿！それはパワハラです』（日本経済新聞社）。

著者

老田　潔（おいた　きよし）

株式会社エスアール総合研究所代表取締役。組織アナリスト。慶応大学経済学部卒業。住友金属鉱山株式会社人事部・貴金属部・経営企画部を経て、2001年株式会社エスアール総合研究所設立。

河島　英子（かわしま　えいこ）

株式会社クオレ・シー・キューブ取締役。神戸女学院大学家政学部卒業後、1992年から同社「メンタルヘルス電話相談」のカウンセラーを務めるかたわら、事業推進にもたずさわり、2002年より現職。パワハラに関する講演、学会発表などを行っている。

井上　卓也（いのうえ　たくや）

「アトリエ楽」代表。教育コンサルタント。立教大学経済学部卒業後、外資系メーカーに勤務、31年間社員の能力開発にたずさわり、2001年より現職。社団法人全国産業人能力開発団体連合会認定キャリア・ディベロップメント・アドバイザー。教育研修、再就職支援サービス、木工家具制作に従事する。

稲尾　和泉（いなお　いづみ）

株式会社クオレ・シー・キューブ勤務。産業・教育カウンセラー。和光大学人文学部人間関係学科卒業。町田市役所、ソニー株式会社カーオーディオ・カーナビ商品企画担当、板橋区中学校派遣ふれあいフレンドを経て、2003年4月より現職。精研式SCT（文章完成法テスト）修士。株式会社クオレ・シー・キューブ研修講師。

編集協力：辻田美子

岡田康子 ［編著］

上司と部下の深いみぞ
パワー・ハラスメント完全理解

2004年３月31日　第１刷発行
2011年７月30日　第５刷発行
発行所　株式会社　紀伊國屋書店
東京都新宿区新宿3-17-7

出版部（編集）電話03(6910)0508
ホールセール部（営業）電話03(6910)0519
〒153-8504　東京都目黒区下目黒3-7-10

ISBN4-314-00960-8 C0034
定価は外装に表示してあります

印刷・製本　中央精版印刷

紀伊國屋書店

モラル・ハラスメント
人を傷つけずにはいられない

マリー＝F. イルゴイエンヌ
高野優訳
46判336頁／定価2310円

言葉や態度によって巧妙に相手の心を傷つける人たち。家庭や職場にあふれる「見えない暴力」の実態を徹底解明。有効な対処法を提示する。「いい人」こそが狙われる！

モラル・ハラスメントが人も会社もダメにする

マリー＝F. イルゴイエンヌ
高野優訳
46判504頁／定価2100円

職場におけるいじめ、嫌がらせ、不当なリストラ……
言葉や態度によって相手を苦しめる「見えない暴力」の実態を徹底解明。職場の人間関係につぶされないための必読書。

自己評価の心理学
なぜあの人は自分に自信があるのか

クリストフ・アンドレ&フランソワ・ルロール
高野優訳
46判388頁／定価2310円

恋愛、結婚、仕事、子育て……うまくいっている人にはワケがある！　積極的な行動を支え、人生の糧となる〈自己評価〉という視点からの新しい人間理解。「自己診断表」付き。

表示価は税込みです